孤独

北野武

北野武、家族を語る

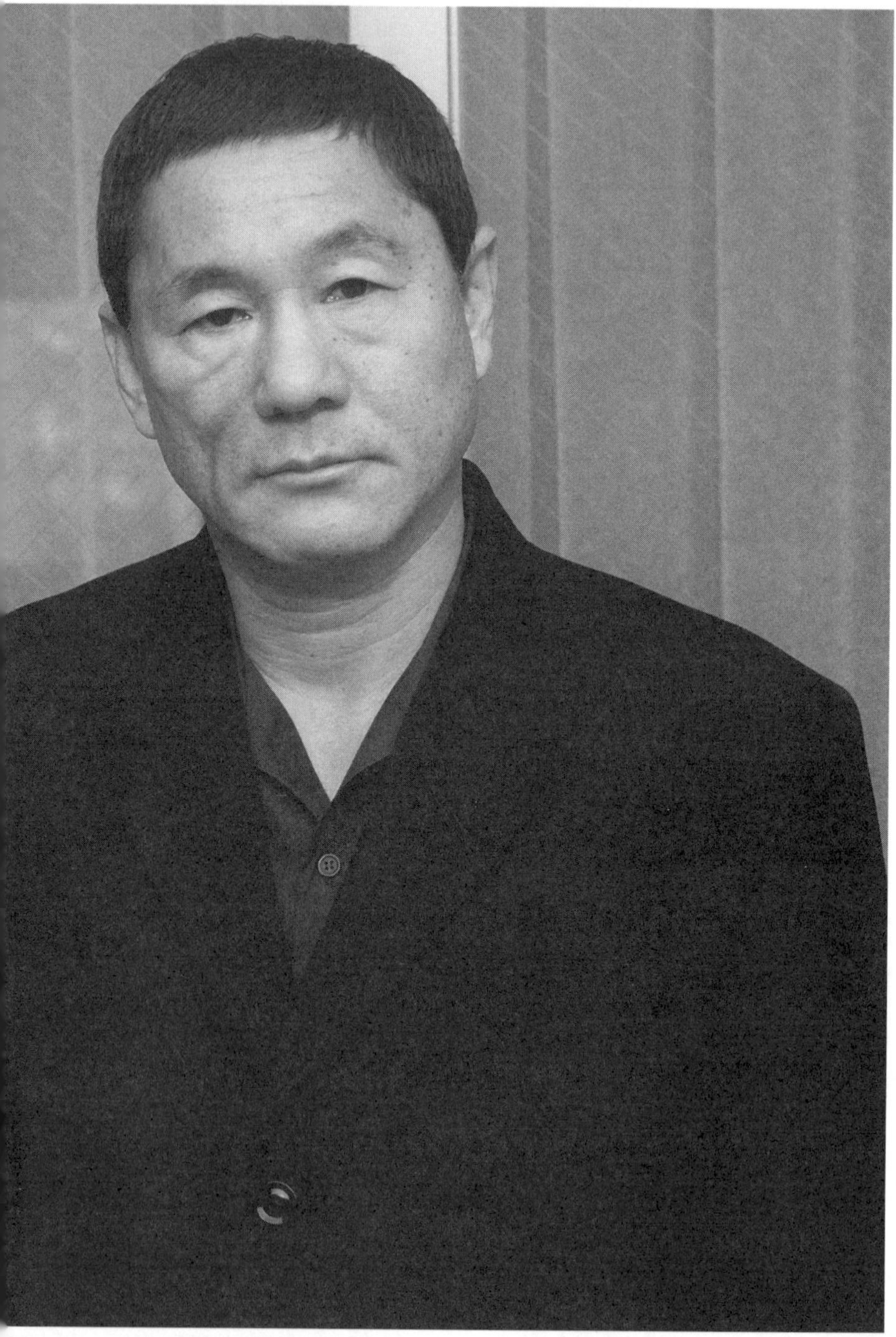

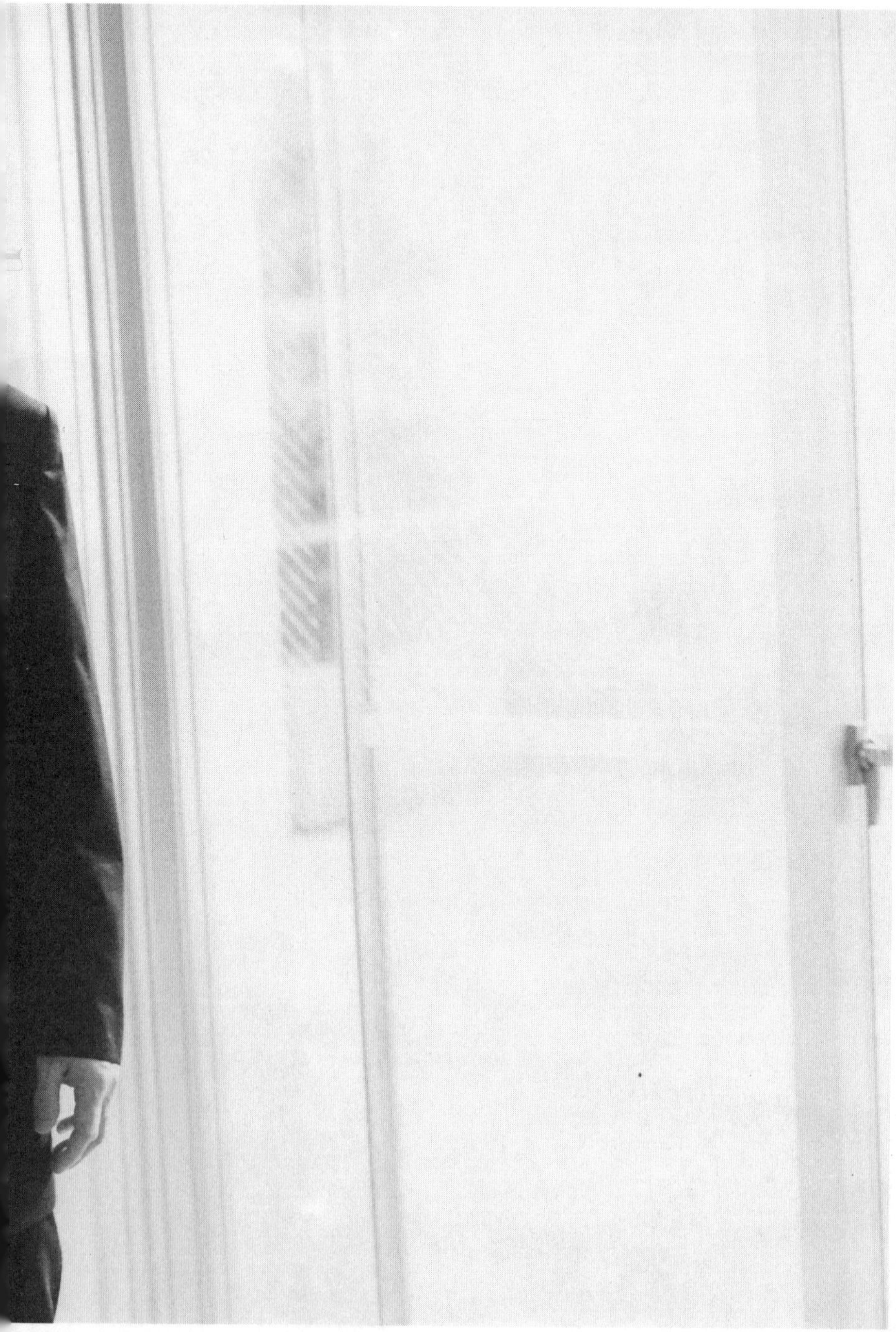

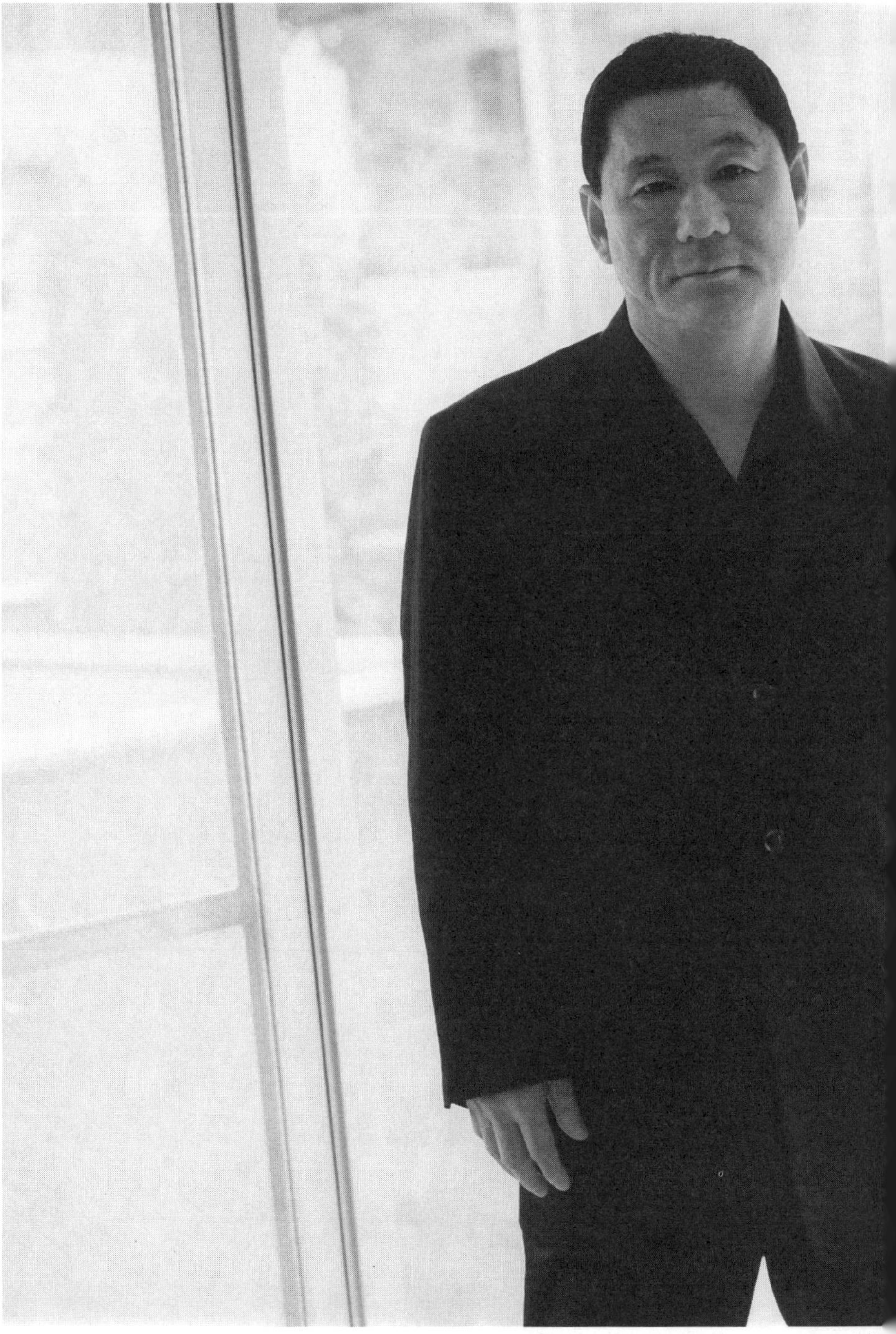

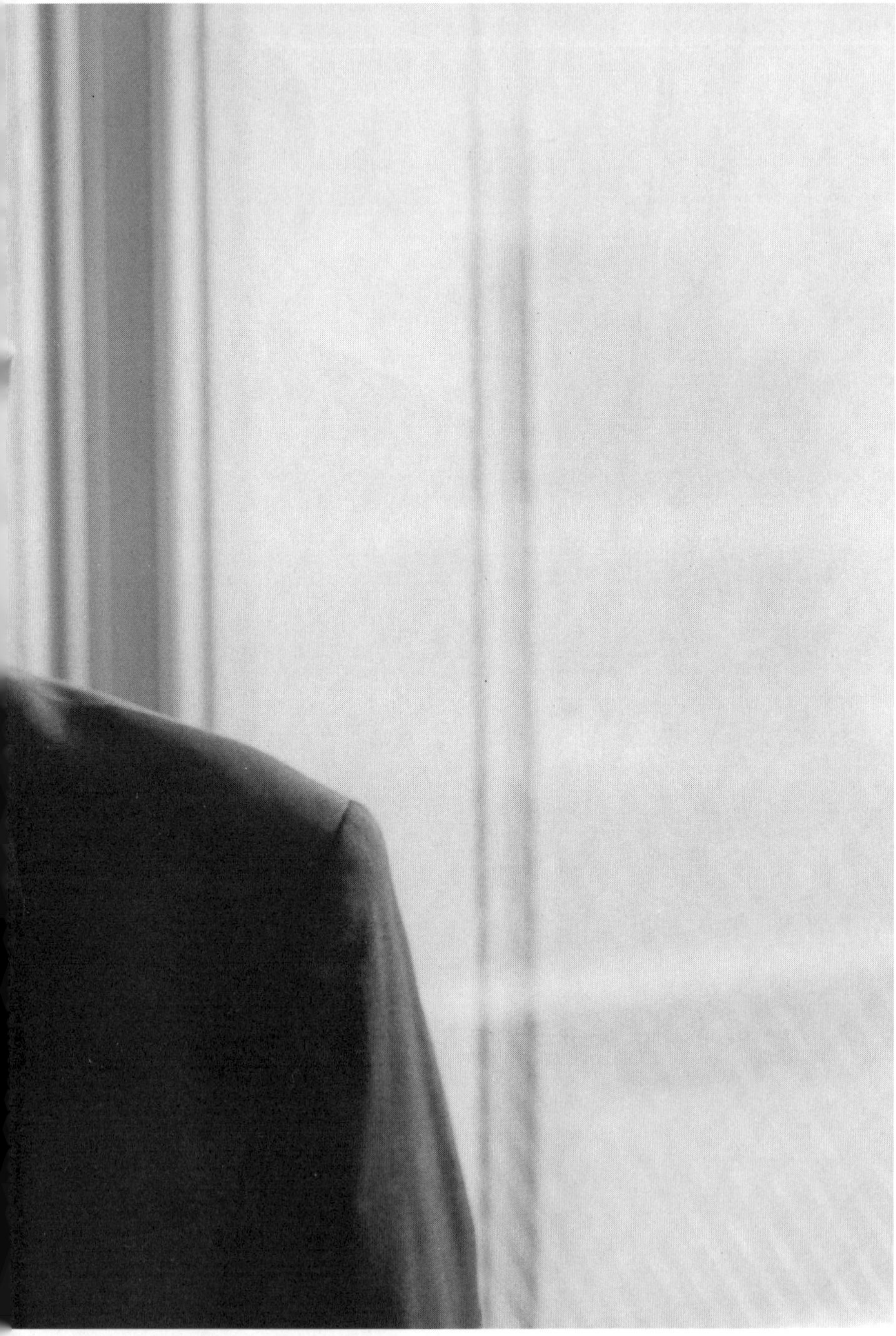

家系

俺ねえ、親父って、意識したときには既にイヤな奴としか思わなかったんだよなあ。働いて、おいらたちのこと食わしてるらしいけど、おふくろを叩いたりなんかするから。だから、イヤな奴だなあと思ってたんだ。

だって、うちの親父、小学校も出てないからね。ほんとだって。自分の名前書けないんだから。笑っちゃうよ？　だから、うちの兄姉は、親父のこと話したがんないもん。浮浪者やってたって噂もあるぐらいなんだから。北野家の名前を継ぐために親父のこと拾ってきたって噂あるんだ。再婚だからね、うち。

うん………そうなの。おふくろによると、おふくろの最初の旦那は中尉だったらしいよ。でも、長男の兄貴が言うには、確かに軍人なんだけど、そんなに偉くなかったらしいけどね。そいで、長男の、さらに上に〝勝《まさる》〟って子供がいたんだけどさ、それが前の旦那の子供らしいんだ。脳膜炎で死んでしまったんだけど、まだ位牌はうちに残っていて。おふくろの話じゃあ、その子はすごかったって。大天才だったみたいだよ。運動もすごいし、勉強もすごいし。だから、俺らは「こいつら、あのバカジジイの子供だから、しょうがねえんだ」なんて、おふくろによく言われたよね。

一番上の兄貴は………俺とおんなじ父親だと思うんだけど………みんなはっきり言わねえんだよ。だって、俺、親父がおふくろの二番目の旦那だって知ったの、そんなに古くないよ。大学の頃じゃねえかなあ。一番上の兄貴が言ったんだ。北野家の墓に行ったら、「北野」って彫ってあるのが四つ並んでて、全部親父の兄弟の墓だって言うんだけど、その兄弟の母親がみんな違うんだよ。それで聞いてみたら、そういうことだったんだけどさ、兄貴も、おふくろも、そんなはっきり言いたがらないんだよね。

元々、うちは弓を作る弓屋だったらしいよ。だから、近所の人とかに「たけちゃん？ああ、「弓屋の子だよ」とかってよく言われたもん。弓って漆を使うじゃない？　矢に丸描いたり、弓に絵描いたり。そいで、戦後、バラックがワーッて建っちゃったときに、どうもペンキ屋になったみたいなんだよね。

父親

でも、自分ん家がペンキ屋っていうのはイヤだったよね。親父と一緒にペンキ塗ったりしたことなんかもあったけど、しょうがなくやってたんだもん。兄貴二人は学校行かなきゃいけないし。俺しかいないっていうからさ。日曜日、友達と野球の試合決まってんのに「おいたけし、手伝え」なんて言われてペンキ塗るわけでしょ？　そんなのイヤでしょうがなかったよ。こづかいだって、職人だからまとめてくれないんだよね。仕事があったときにちょこちょこくれるだけで。親がサラリーマンで、月一回いくらって決まったこづかいをもらってる奴が、当時は羨ましくてしょうがなかったもん。

それに俺、親父とあんまり口きいたっていう記憶ないんだよ。一回だけ江ノ島に連れてってもらったことはあんだ。それは覚えてんだけどさ。でも、それ以外ないからね。普段はもう、いっつも酒飲んで帰ってくっから、夜帰ってくるの遅いし。そんときにゃあ、おふくろが「あ、帰ってきた、早く寝ろ！」っつって、俺は隣の兄貴たちが勉強してる部屋に寝かされちゃって。それで、襖一枚隣の部屋で喧嘩が始まるんだもん。おふくろが「いつも酒臭くて金がどうのこうの」なんて文句言うと、「うるせえ！」なんて声が聞こえてきて。それでおふくろのこと殴ってる音が聞こえて。おふくろが「殺せ！」とかなんか始まって。修羅場だったよ、毎日。たまんなかったよねえ……。

看病

親父が死んだときは…………俺はねえ、もう漫才やってた。そのときは名古屋にいたのかな。まだ売れてないときだけど、兄貴から電話かかってきて「死んでなあ」って……。そいで「おい、帰ってこなくていいぞ」って兄貴に言われて。なんか淡々とした感じだったな。親父は脳梗塞で八年も入院してたからね。入院っつっても、俺んちなんか当然金がなくて、介護人なんか雇えないからさあ、下の世話とか食事とか、朝の尿検査とか、全部家族がやるわけじゃない？　だから、死んだときも、まあそんな感じだったっていうかね。

実際、入院のあいだは大変だったしね。だって、朝六時に起きて消灯の九時まで、つきっきりで面倒みるわけじゃない？　夜は、ベッドの下のアクリルのところにゴザと布団を敷いて寝てさ。すっとあの当時の病院なんか、冬はもう寒くて寒くてね。まず看病に行った兄貴の嫁さんが倒れて、今度はおふくろが代わりに行って、また二ヵ月で倒れて。それで最後は、俺にお鉢が回ってきたんだもん。もう漫才やってたときだよ？　朝六時に起きてメシ食べさして、終わった後ウンチだなんておまる入れて、タオル絞ってケツ拭いて。そいで十一時頃出かけてって、十二時ぐらいから演芸場で舞台に出てさ、四時半頃にまた戻ってきて。俺はもう、ほんと早く死なねえかなあなんて思ってたよ。家族全員が早くくたばれと思ってたんじゃねえの？　だって、酒飲んで暴れてたとか、あんまりいい思い出ないんだから。おふくろなんか「この人は死ぬまで迷惑かけて」って言ってたもん。

真面目

その介護のあいだも、脳梗塞だから会話なんてなかったしね。第一、その前も父親とまともにコミュニケーションなんてねえんだ。すごく………孤独な人だったよね。兄姉が口きいたのも、ほとんど見たことないもん。二番目の大《まさる》が、父ちゃんに「おい大、請求書書いてくれ」なんて言われて、父ちゃんのやってた現場に兄貴が行って、請求書にワックスがけがいくらだとか、ステインっていうニスを塗ったのが何件だとか、そういうのを確認してきて「父ちゃん、ここの百五十円ってのはマズイよ、二百円だろう、これ」「いや、百五十円にしとかねえと、上の棟梁が抜けねえからよう」とか、そういう会話をしてたのは見たけど、あとはほんとになかったからね。

だから、いつも荒くれ者になってはいるんだけど、かわいそうな人だったよね。飲んで帰ってくんのも、もうコース決まってんだから。〝職人道〟っておいら名前つけたんだけど、まず千住の梅田町ってとこに、信濃屋っていう一杯飲み屋があるの。そこには必ず行くわけ。雨の日も風の日も終わったらそこに行く。そいで、アジのフライと煮込みと日本酒のお銚子をね、何本か飲んで。それ終わったらキンリュウ会館っていうパチンコ屋に行くんだよ。で、もしも、そこで少し稼いだら、もう一つ〝紫〟とかいうスナックで酒飲んで帰ってくるっていう。これは三百六十五日一切変わんねえんだ。だから、父ちゃん探してこいってなると、もうそのコースを逆行すれば、絶対どっかにいるんだよね。全然狂ったことないんだから。一生それだったからね。

でも、逆に言えば、真面目は真面目だったよねえ。仕事やってないってことなかったからね。必ず仕事しちゃあ酒飲んで帰ってくるっていう、そういう人だったよね。

内職

でも、うちの母ちゃんも働き手としてはまたすごかったんだよ。当時なんかアメリカへの輸出がすごかった頃だから、近所のオモチャ工場で、ぜんまい巻くとライオンがギーッてやる、ぬいぐるみみたいなやつに毛を貼って一体いくらっていうのと、あと造花とかさ、そういう内職を仕切りのおじさんが持ってくるから、それをやってて。あと、近所が宅地ブームになってきてた頃だから、家建てる基礎固めで、よいとまけってあんじゃない？引っ張ってドーン、えんやこ～らって。あれにも行ってたし。あとはねえ、西新井大師の草団子。縁日は草団子売れるっていうんで、それ握って売りに行ってたんだよね。

だからその三つをずっとやってたわけ。十五日で縁日だからっていうと、朝からいなくなるしさ。帰ってきたら帰ってきたで、家では内職してるしさ。よいとまけがあるっていうと、裏のほうでこづかいもらって、一緒になって引っ張ってるしさ。うちの近所の人はみんなそれやってたから。貧乏なのか金持ちなのか、よく分かんなかったよね。

だって実際、生活は困ってなかったからね。ただ、普通のサラリーマンの家庭の生活とは全然違うんだよ。奥さんが家にいて、夕方になると買い物に行ってみてえな、そんなんじゃないからね。うちのおふくろは、昼間よいとまけやって、夜ごはん作っちゃあ、あと寝るまで内職やってるわけじゃない？　親父は酒飲んで帰ってくるし、長屋でしょ？　だから、サラリーマンの生活みたいなのを知らない時期がかなり長かったのね。うちの近所は、お百姓さんと職人しかいなかったようなところだから。向こう三軒両隣も左官屋、大工、水道屋、サッシ屋とかだしさ。もう、つるんで仕事してるんだもん。一人が仕事を見つけてきて「北野さーん、あすこあるよ、よいとまけ。棟梁が来いっつってるから行こう」っつって、えんやこらっていう。だから、うち帰ると隣の子供も、おなじような感じの奴いるんだけど、そっちの親もうちのおふくろも、おなじとこ行ってるの知ってるから、「今日は大師行ってるよね」「うん」っつって、「ごはん、俺んちあるよ」って食っちゃったり。人工の嫁さんみたいな人は働かねえから、「うち来な」とか言って、ごはん盛ってその上に味噌をベタッとのせただけのやつを「はいどうぞ」って出されて、ピラッと食ったり。「お金…」なんて言うと「じゃあ十円ずつ」とかいってくれたりして。で、帰ってくると母ちゃんが返しに行くんだ、「すいませんでした」って。ほいで、そのあと「バカヤロー、借りるんじゃない！」って怒られて。ずーっとそんな感じだったからね。だから、なんかサラリーマンの生活とかって全然分からないの。ただ、うちの母ちゃんはよく働いてたよね。

長男

一番上の兄貴は、なんだかよく分かんないんだけど、十八歳も離れてっから、俺が物心ついたときには、もう外人の通訳やってたよ。俺、生まれたのが終戦の二年後でしょ？だから、おそらくGHQでやってたんじゃないかな。うちのおふくろに聞いたら、「昔、結構よくうちに来たよ、兄貴の友達の黒人が」って言ってたからね。その人たちが、いろんな缶詰持ってきてくれて、うちはそれで食ってたんだって。PX（駐屯地の売店）から持ってきたんだろうな。俺も思い出あるんだ。変な三角形みたいなハムの缶、開けたような気がするもん。

兄貴がなんで英語を喋れたかはねえ、俺もよく分かんねえんだよね。なぜか英語が好きだったらしいんだ。兄貴もあんまりはっきりと言わねえんだけどさ。だって、自分が高校生のときにアルバイトで高校の先生やってたって噂あるんだよ。まあ工業高校なんだけどさ。そうやって稼いだ金で千葉大行ったりね。だから、もんのすごい働き手だったらしいよ。英語が喋れるからっていうんで、外人と仲よくなって通訳の仕事やったり。それで裏ではいろんなもんうちに持ってきてたりしてたんだよ。

英語はねえ、多分独学なんじゃないかな？　兄貴が英語喋ってんの見たけど、ひでえ英語だったもん。確かにワーッて喋るけど、なんての？　こんな英語通じんのかなあっていうような英語だもん。だけどまあ、よく喋るねえ。アハハなんて笑ってるけど、相当発音バカにされてんだろうなって思うよ。

でも、子供んとき、兄貴になんかの問題をパパッと、こうやって解くんだなんてやられたときは、兄貴ってほんと頭いいんだなあと思ったよね。サッと教えるからね。兄貴んとこの家、今も変だもん。兄貴んとこは子供が娘二人いるんだけど、女の子二人とも大学じゃ建築科なんだよ。それで二人とも建築事務所の人と一緒になっちゃったんだけどさ。兄貴が、その建築事務所でちょっと古くなったコンピューターをもらってくるらしいんだよね。建築は最先端のコンピューター使ってるから、「おまえんとこのくれ」っつって。だから、「お父さんの家はコンピューターだらけだよ、みんなうちからあげたり、妹からいったりなんかして」だって。もう今年で七十三歳なんだよ。それで全部、コンピューター一からセッティングしなおしてやってんだからね。変な人だよ。

だけど、ほんと勉強はできたっつってたね。おふくろが兄貴はできたねえって。「あの子には教科書もなんにも買ってあげられなかったのに、でもどっからか本持ってきちゃあ、読んじゃったもんなあ」って。だから英語の本なんて、なんであんなにたくさん読んでたのかっていったら、ペーパーバックは全部外人にもらってたらしいんだよね。一時、俺んちの部屋の片隅はそういうのばっかりだったもん。ほいで、そういうののなかにはさ、『チャタレイ夫人の恋人』とかもあんのに、おふくろはそれ読んでんの見て、「兄ちゃんは偉い！　勉強してる」とか言ってたんだよね。

家　長

でも、俺、一番怖かったの、兄貴に言いつけられるってことだったなあ。「勉強しないと兄ちゃんに言うよ」なんて言われると、いやに励んでさ。すごいおっかないんだよ。ボコッとくるから。だから、もうお父さんだよね。実際、親父もまたうちの兄貴を怖がってたからね。「父ちゃん、いいかげんにしな」「なんだよぉ、酒、そんなに飲んでねえよ」「飲んでんじゃねえか！」なんて言って。

一回、兄貴が本気で怒ったの見たけど、えっらい怖かったもん。いつもは兄貴っていろんな仕事やってるからあんまり早く帰ってこないんだけど、急に夕方帰ってきたときがあって。したら、親父がおふくろ殴ってんの見ちゃってさあ。兄貴もう火の出るように怒ってねえ。「殺す!」って言って、その当時、俺んち風呂があったんだけど、釜で焚くやつだったんだよ。だから、薪割り置いてあるわけ。したら、薪割りで親父に殴りかかっちゃったんだもん。親父、裸足のまま、ものすごい勢いでいなくなって。パトカー三台も呼んじゃって。それから二週間ぐらい、シュンとしちゃって、すんごく親父静かなんだ。もう借りてきた猫みたいでさあ。

だから、ほんとに兄貴が家長だったよね。おふくろの相談相手も兄貴だし。大がどうのこうのとか、姉ちゃんが高校行く金とかいうのは、全部兄貴が工面したんじゃないかな、後からいろいろ話聞いてみると。また兄貴はそういう金よく作ってくんだよ。悪いことでもしてたのかね。なーんか作ってくんだよね。俺の入学金とかも、結局兄貴が全部作ってたんじゃないかなあ。親父は自分の働いた金、結構飲み代でなくなっちゃってたから。だから、兄弟みんな大学行ったりできたのは、兄ちゃんが全部やってたんだよ。

上の兄貴は、テレビとか出たりすんの嫌いみたいだね。恥ずかしいって言ってた。一応どっかで教授かなんかもやってたことあんだけどさ、要するにちゃんとした学問でメジャー行ってないから、そういうのがくやしくてしょうがないみたい。結局、外国好きじゃない？　だから、マサチューセッツとかハーバードとか行くのが夢だったのに、家族の問題でずーっと働いてたってのがあるからイライラしてんだよ。ちゃんと千葉大出てるんだけど、負けず嫌いだから、「こんなもん！」って言ってしまうんだよね。だからさ、うちの兄貴は、自分の会社にわざといい大学の工学部の人間を呼ぶの。それでボロクソ言うのが楽しみなんだよ。その会社の専務か部長かなんかに会ったことあるんだけど、「お兄さん、昔は怖かったですよ。私だって大学出てきたのにボロクソ言うんだもん。すぐ営業であれやれこれやれなんて、できるわけないじゃない？」って言ってたからね。でも、ほんと兄貴には、俺も絶対頭上がらなかったよね。

次男・長女

すぐ上の大は、俺、子供んときからずーっと呼びつけなんだよね。「大〜」って。五つ上なのかな。だけど、「大、大」って、なんでか大なんだよ。いまだに言ってるじゃない、俺。で、兄貴もまるっきりあのタイプで人がいいから、へへへって笑ってんだもん。バカじゃねえかと思うって誰か言ってたよ、あまりにも人がよすぎるってんで。

大は都立大行ったけど、真面目に、おふくろに言われたとおりやってる子供だったからね。子供のときは真面目にやってりゃ成績いいじゃない？　学校の教科書やればできるっていう、そういうもんじゃないかと俺は思うけどね。

でもまあ、一番上の兄貴と比べたら、俺とは仲よかったねえ。仲よかったっていうか、一方的にねえ、俺の言いなりなんだよね。なぜか一方的に言うこと聞くんだよ、また。なんか弟思いっていうんじゃなくてね。俺がいろんなわがまま言っても、なーんか笑いながらやるんだよね。変な兄貴だよ。

だから、俺さあ、おふくろにメッチャクチャ溺愛されちゃったじゃない？　だけど、兄姉にもかわいがられちゃったんだよね。要するに兄貴と姉ちゃんにとっても、すごく歳の離れた弟だからさあ、子供みたいになってるわけ。おふくろが歳をとってから、ポンとできちゃった子供だから。だから、俺は姉ちゃんとも十歳ぐらい違うんだけど、姉ちゃんのことも「ヤスコ、ヤスコ」って呼びつけにしてさ。しかも金銭的に見ても、俺が物心ついた頃には一番上の兄貴が稼いでて、姉ちゃんも既に働きはじめてたから。俺はだから、結構いい思いしてるんだよね。

母ちゃんか姉ちゃんにおんぶしてもらって、いろいろ行ったりなんかもしたからね。どうも女には甘やかされたらしいんだよ。お乳だって、俺、うちのおふくろが四十いくつのときの子だから、もう出ないじゃん。だから、俺にお乳くれたのは前に住んでたおばさんなんだ。一度帰ったときなんか、「たけちゃん、あたしのお乳でデカくなったくせに、挨拶ぐらいしなよ」「すいません」なんて。「あんたと一緒に、ちょうどあたしんとこも子供ができたんで胸が張ってさあ。あんたと二人こうやって飲ましたんだよ？　あんときミルクなかったしさあ」なんて言われてね。だからねえ、女に対しちゃあね、俺、みんな母親にしちゃうんだよね。だいたい俺と付き合うと、彼女というよりも母親になっちゃうんだよ。甘え放題甘えちゃうんだ、わがままになってさ。それは子供のときからずっとそうだよね。「ヤスコー、飴買ってくれー」とか言うと、手ぇ繋いで飴買いに行ったりして。だから、よく自分のこと貧乏って言うけど、今考えりゃあ貧乏だったってだけで、そのときなんかもう、貧乏なんて思ったことねえもん。なんにも俺、心配事なかったからね。面白くて面白くて。ほんとは結構いい思いしてたんだよね。

良家

だから、俺が芸人になるっていうときも、兄姉からはほとんど反対なんかなかったよ。もう一番上の兄貴も家庭を持って子供もできてたし。姉さんやなんかもずっと前に結婚してたから。そんなに、やめろっていう感じでもなかった。まあいいやって感じ。

だから、経済的には、俺、よく貧乏って言うけど、基本的にはうちの親父がペンキ屋で働いてたっていうのが余りもんっていうか、余計なもんで。経済の中心は一番上の兄貴の稼ぎだったんじゃない？　そいじゃなきゃ、大学の入学金なんて払えるわけねえもの。うちの近所で大学行ったの、うちだけだったもんなあ。高校に普通に行くようになったのも、うちの近所では俺らの世代が初めてじゃない？　俺の上の世代だと中学でみんな終わりだったから。俺ぐらいの頃から、うちの近所の子も高校行くようになったんだもん。だから、大学なんてもう全然、今みたいに一般的なものじゃなかったんだよね。そういうなかで、兄貴たちは大学行ってたわけだから、確かにすごかったのかもしれないよね。姉ちゃんだって上野高校行ったわけで。当時、女の人が高校行くなんて考えられなかった時代だから。でもさあ、いざ家帰って目の前にあんのは何かっていうと、親父が暴れてる姿なんだよね。

だから、ある意味、みんなで親父を飼ってたんだね。親父が子供の一人というか、親父という長男がいたっていう感じで。酒飲まなきゃ帰ってこられない理由は、そういうのにあったのかもわかんないね。息子たちは大学に行ってて、女房とか子供の視線考えると、気が弱いから、とても酒飲まなきゃ帰ってこれなかったっていうね。唯一できたのは、おふくろ叩いたり、犬蹴っ飛ばすぐらいで。やっぱり大学とか、そういう戦後の文化とさ、昔ながらの職人の文化とさ、うちは二つの文化がなんか一緒にあるみたいなもんだったから。むしろ、おふくろは俺のこと、「この子は父ちゃんの悪いとこも引いちゃったし」なんてよく言ってたよね。

遺伝

あと、俺んちには一緒にばあさんが住んでたんだけど、なんでも義太夫やってたらしいんだよね。すごく有名な人の弟子で、ばあさんの姉さん弟子なんかは有名な大臣かなんかの妾になってたりしたらしいの。うちのばあさんも腕はすごかったんだけど、いいパトロンがつかなくて、なんか変な商人の妾やってて。そいで、うちのばあさんが身体動かなくなってきて、三味線ダメんなってからは、うちで面倒みることになったんだよ。義太夫では一応有名な人だったから、家に三味線がいっぱいあったんだけどさあ。親父がバカだから、葬式んときに一緒に燃やしちゃったの。いまだに兄貴が言うもん、「たけしは歌麿とか写楽、爪で揚げてたことがあんだぜ」って。うちのばあさん、浮世絵の枕絵とかもいっぱい持ってて。紙がいいっていうんで、俺が「爪破けちゃったよ、ばあさん」なんて言って持ってくと、その浮世絵で直しちゃってたんだよね。俺も当時よく分かんなかったから、それ揚げちゃってたんだ。よく考えたら、うち、いいのいっぱいあったよなあ。あと形見で、すごいデッカい象牙の撥《ばち》も残ってんだ。もう先っちょが、すごく丸くなるまで弾いちゃってあるんだけどさ。それはいまだにおいらのうちにとってあるよ。だから、芸人なったときに、うちのおふくろが、「おまえはばあさんの血と、親父の血と、二つ持っちゃったからこんなんなっちゃって」なんて言ってたよね。

でも、俺、自分でもほんと親父に似てるとこはいっぱいあるなあと思うよ。気が弱くてさあ。気が弱いんだけど、キレたらしょうがなくてさあ。弱いぶんだけ暴れまくっちゃって、中庸がないっていうね。うちの親父も気が弱いんだよね。ほいで強くないのに、酒飲んじゃうわけ。すっと一瞬にして、ジキルとハイドじゃないけど、デカいことになっちゃうんだよ。「なんだコノヤロー」になっちゃうわけ。いざ脅かすとビシッとなるんだけどさあ。あと人見知りのとことかね。気が弱いからだと思うんだ。人見知りなんだけど、ちょっと仲よくなっちゃうと、知らない人まで俺んち連れてきて飲ましちゃうわけ。そういうとこは、ほんと親父に似てるなあ。

でも、そうやって親父に似てる自分にいざ気付くことっていうのは………やっぱり懐かしいよね。うん。イヤではないよね。だから、よくぞタレントみたいな仕事を見つけたと思うよ。俺、普通の仕事できないと思うもん。普通の仕事をやったとしたら、意外にあんまり出世しなくて黙々とやってるタイプかもわかんない。出世したいとか、あんま思わないと思うよ。そういう上昇志向って、俺、あんまないね。

兄姉

今はもう、姉ちゃんとかに会っても甘えるってことはないよね。姉ちゃんはおふくろを最後面倒みてたんだ。おふくろの身体が悪くなったときに「あたしが面倒みなきゃダメだ」っつって。男連中はさ、「聖路加病院でもなんでも、知らねえわけじゃねえから、そこ入れて完全看護でやってもらえよ」って言ったんだけど、姉ちゃんは「そんな他人にみさせるわけにいかない。あたしが長野の家に引き取って、会社辞めて朝からずっと面倒みる。だから、お金よこせ」「なんだコノヤロー、身の代金じゃねえか！」なんて言ってたんだけど。だけど、そうやっておふくろの面倒をみてくれてたんだよね。

でも別に売れたからって、それで関係が変わったとかいうのはあんまないよ。俺が漫才で売れて、まあツービートってのを知らない人がいねえぐらいにダーッて上がったときに、一回、兄貴と俺と姉ちゃんとおふくろと集まって食事会やったんだけど、そのときに、上の兄貴が「おい、ずいぶん忙しそうだな。有名になっちゃって。金稼いでんのか？」「まあまあ」なんて言ってたら、「おふくろにこづかいちゃんとやれよ、バカ野郎」って言われて。それで、俺もこれだけ出世したって見せてやるかと思って、みんな見てる前で四百万円あげてやったことはあるけどね。来る子来る子にも一万円ずつこづかいやって、バーッて帰ってったら、兄貴、俺が帰った後に「あいつ、変な奴だなあ」って言ってたらしいけど。

あと、ベネチアで賞を取った後に、一番上の兄貴が「たけし、イタリアで賞取って、結構すごいらしい」って言ってくれたことはあったよね。要するに、兄貴、イギリスとかフランスとかで仕事があるから、俺の兄貴だって言うと、仕事も結構いいんだって。「タケシ・キタノっていう映画監督のお兄さんだ」って紹介されると、わりかし話うまくいくんだって。日本と大して変わんないよね、そういうとこ。兄貴がこないだロンドン行ったときも「おまえをよく知ってる、おまえのファンだっていう出版社の奴がいてな、そいつと話して商談まとめてきた」とか言うわけ。「助かっちゃうよなあ」って。

だから、そういうのはあるけど、でも兄姉の関係って基本的には変わんないよね。うちは大が一番頭いいっていうか、気ぃ遣うから。いまだに、あらゆること一番上の兄貴に相談するし。要するに家長だから。今でも、兄貴と会うなんていったら、俺もちょっと緊張するもん。向こうはそんな気ないんだろうけども、やっぱり久々に父親に会うみたいなもんだから。なんかメシ屋とかは、気ぃ遣って一番いい店予約するよね。そういう意味じゃ、なんにも変わんないよ。

息子

長男が生まれたときは、半分家帰って、半分家帰んなかった頃かな？　遊びだして、もうほとんど帰んなくなってるっていう。金も自由っていうかね、カミさんのとこに全部取られて、こづかいもらうっていう仕組みは今と変わんないんだけど、別にそんなに少ないわけじゃなかったからね。それでも十分遊べたっていう量の金だから。それに、カミさん方の大阪のお義母さんが、俺が帰ってこないの知ってるから東京に出てきてて、おばあちゃんをやってたんだよ。それでもう、家庭も任しっきりにしちゃってたっていうか。「どうぞ」って感じだったね。

ちゃんと父親をやんなきゃいけないとか、そういう自覚っていうのはなんにもなかった。カミさんが子供産んだときも、あんときはまだ町屋のほうの病院だったのかな。で、そこへ見に行かなきゃいけねえのかなって思って見に行ったんだけど、見たらすぐに「ああ、これ？　またな」っつって。それからしばらくはほとんど会わなかったからね。

見たときも別になんにも思わなかったよ。えらいブサイクなんだ。「サルみたいな顔しやがって。隣と入れ替えてやる」なんて訳分かんないこと言って。隣に寝てる子供捕まえて「こっちのほうがいいじゃねえか」とか、そんなことばっかし言ってたからね。

なんか、子供できるっていっても、基本的にはイヤでしょうがなかったんだよねえ。カミさんも妊娠したなんて全然言わなかったしね。ほんとだよ。ほいで、もうその頃、別のところに住んでたから腹がデカくなってきたとかも気が付かないでしょ。もうすんごい腹になったときに、ようやく「あ、おまえ、子供できたの？」って。だから、ぜーんぜん知らなかった。知ったときも、子供の世話をしなきゃいけないこと考えたら、面倒くさいなあって。子供を食わせんのイヤだなあと思ってたからね。

カミさんから妊娠したって話はほんとになかったよ。そういうのぜーんぜん覚えてないな。子供ができたってのでは、俺、ほとんど産んだときしか印象ないもんなあ。「カミさん、いつ産むのかな」ってドキドキしたとか、そういう記憶もないし。なんにもないよ、俺。はははははは、人として間違ってるとかっていうのもないんだよなあ。

だいたい、あの頃はほんとに家に帰ってなかったからね。当時は新宿に住んでたのかな？　俺が新宿で、カミさんが町屋にマンション買って住んだんだから。だから、子供産まれるよって言われて、町屋に見に行ったときも、子供見た後、すぐに新宿で遊んでたんだから。思い出ないよねぇ。自分の子供だって感慨もなんにもなかったしね。俺の跡取りができたとも思わねえし。ああ、もう一人扶養家族が増えたなって感じだね。あとはあんまりないなあ。というか、俺の場合も、今考えりゃ一番上の兄貴が父親やってたわけじゃない？　そうすると、うちの親父のことを考えたら、俺なんかいねえほうがいいなあっていうかね。いようがいまいが、ガキには関係ねえだろうと思ったんだよなあ。母親さえよきゃあ大丈夫だろうって。どうせ育てんだろうって思ってたし。まあ、メチャクチャ、カミさんに甘えてたんだけどね。

再会

息子に二回目に会ったのは、あれ、いつだったっけかなあ…………ハイハイして動きだしたときじゃない？　動くんだよ、チョロチョロチョロチョロ。「うるせえな、こいつ」と思って。うん。だから、ずいぶん時間経ってるよ。ほーんと、あいだが空いてんだ。自分の子供だけど、なんか別に会おうと思わなかったね、全然。名前だって後で知ったんだもん。「篤って名前つけたの」「あ、そう。誰がつけたんだ?」「おばあちゃん」「あ、そう」って。あんまり記憶ないなあ。だいたい俺なんか、カミさんと婚姻届出した覚えがないんだもん。婚姻届って俺が書いてるはずなんでしょ？　絶対そんなことないもん。絶対カミさんのお母さんが勝手に出したと思うんだ。ほんとなんにも記憶ないんだよね、家庭に関しては。

だから、俺よりも、うちのおふくろのほうが俺んちの子供にはよく会ってたみたいだよ。それで、カミさんに謝ってたらしいからね。「すいませんね、あれバカだから」って。カミさんと俺のおふくろの仲はよかったんだよ。うちのカミさん頭いいから、俺の悪口をうちのおふくろに言いにいくんだよね。一緒に暮らしてたとき、夫婦喧嘩すっと出てっちゃうんだけど、うちのおふくろのとこに泊まってたりなんかしたことあったから。すっと電話かかってきて、「バカッ、死んじまえおまえなんか！　ミキさんうち来て泣いてるよ、バカヤロー！」って。「まったく……父ちゃんそっくりだよ、バカヤロー！　おまえ見るとイヤんなっちゃう、あのクソジジイ思い出して！」「忙しいんだよ！」「なに言ってんだ、くっだらねえことやって、人様を騙して！」なんて言われたもんなあ。

二回目に会ったときに思ったのは、「あ、動いてる」っていう、それだけだよね。立つようになったら、うるさくなるんだろうなって。もう、その次に会ったのなんてなぁ、小学校入るときじゃねえかなあ。カミさんたち、大阪の実家帰ってたからね。その頃、一番険悪なときだもん。噂では、向こうのお義父さんがすごい怒ってて、カミさんに離婚しろ離婚しろって言ってたんだけど、でも、お義母さんのほうは「いや、我慢して一緒にいなさい」って言ってたらしいよ。そんな噂聞いたね。それに対して、うちのおふくろはただひたすら謝るだけでさ。「すいません」って。

妻

今、篤が二十二歳で、井子《しょうこ》が十九歳か。だから、三つ離れてんのかな。まあ、その三年のあいだっていうのは、ほとんどカミさんと会うことはなかったよね。かといって、別れるっていう発想もないんだよ。なんか俺にとって家族というのは経済的なことだけだったんだよね。まだやることいっぱいあるし、家庭に帰ってどうのこうのとかいうのは面倒くさいから。そういう意味じゃ、カミさん、いいの選んだんだと思うよね。違う奴だったらすぐ離婚だろうね。うちのカミさん、離婚なんて絶対言わないもんな。どうしてなんだろ。あ、でも、『フライデー』事件のとき、記者会見で別れるって出てきたけどさ。

あんときは、さすがにヤバイってのあったよね。「俺んちの母親取られちゃう！」って思ったもん。「甘え倒してるだけじゃねえか」って言われたら、それはそうなんだけどさ。俺、ほんとに分かんないんだよね、家庭的なこと。あと経済的なことも一切分かんねえんだよ。だから、俺はもうカミさんと一緒になった時点で給料っていう概念ないもん。振り込みの前ですぐに取られたからね。金持つと帰ってこないからっていうんで、もう事務所からカミさんに直接振り込みになった瞬間に、俺こづかいしかもらったことないんだよね。でも、カミさんも結局、たけしのカミさんだっていう社会的なよさってあるんじゃないのかなあ。それで結構楽しんでるとこあるんじゃない？　レストランなんかに行って、「あ、奥さんだ」って言われるとか言ってたもん。だからほんと、カミさん財産残してぽっくり逝って、タレントみたいないい女と新しくくっついたら、夢のようだと思うけどなあ。世界一周とか行っちゃってさ…………でも、きっとすぐ別れちゃうんだろうね。女のほうが呆れかえるだろうからね、「なに、この人。ダメだこれ」って。そういう意味じゃ、ほんと女運がよかったのかもしれない。おふくろにしても、姉ちゃんにしても、カミさんにしても、みんな悪い女っていないよね。

離婚

要するに俺は、親子の関係とか分かんないからさ。だって父親と口きいたことなんか一回もないんだよ。なんつうの？　酒飲んでうち帰って、わあわあカミさん殴るよりは、いねえほうがいいだろうっていう感じあるね。たまに帰るとさ、それが癖になって、文句が始まるじゃない？　だったら、帰ってこないもんだと思わしちゃったほうが、たまに帰ったとき、よくしてくれるだろうと思って。今が一番いい状態だもん。もうたまにうち帰んの、いいよお。こないだ帰ったんだけど、そのときは朝の八時頃から料理作りはじめてたっつってたもん。なんつうの、満漢全席みたいなやつだよ。それで食って、じゃあなって帰ってきちゃったんだけどさ。

生き物ってね、よく会ってると情が移るんだよね。そして情が移ったものには会いたくなってしまうんだよね。だから女とおなじだよ。ソープランドの女と一回ヤっただけだと会いたくねえじゃない？　でも、彼女とずっと会わないでいると会いたくなるじゃない？あれは情が移ったっていうかね。情ってそういうもんで。自分の子供だとしても、会ってなきゃあ別にいいって感じなんじゃない？　ほんとに会ったことあんまりなかったよ。向こうから電話がかかってきたこともないし。だって、電話番号教えなかったもん。だからもう、あの頃はほとんど離婚してるようなもんなんじゃないかね。

だけど、なんでか、そのあいだに井子ができちゃうんだよなあ。

説教

井子はね、ハワイに行ったときにできたと思うんだ。カミさんとはずっと会ってなかったんだけど、テレビ局の人がハワイ行こうって言って。それで奥さんも連れてってあげなよって言うから、かわいそうだから連れてったんだけど、そこで確かに一回ヤった覚えはあるんだ。したら子供がいるんだよ。井子。今度は聖路加病院みたいな、いいとこで産んでやんの。ハワイでっていうのは、そりゃ間違いないよ。DNA鑑定してみなきゃ分かんねえけど、確かに井子が生まれたことには身に覚えがあるもん。

でも、井子のときなんかは篤んときよりひどかったね。今度はもう、初めて見たときには立って歩いてたからね。生まれたときは、聖路加病院で産んだって噂だけで。だから、俺が井子を初めて見たときには、もう既に立ってたよ。井子がこのこと知ってるのかは分かんないけどさあ。あれもまた能天気だから。

その頃には、もう息子も大きくなってたけど、親子の交わりとかってなんにもなかったね。あ、でも一回だけ……小学校上がったときかなあ、久々に会ったら、要するに篤ってのがきかないガキでさ、カミさんのお母さんがこづかいとかやったら、「イヤだ、もっととか言ってて。「昨日もあげたでしょ」「くれって言ってんじゃねえかよ」なんつってて、カミさんのこと蹴ったんだわ。したら、俺もうキレちゃって、引きずり回してボコボコにしちゃったの。ここで父親の怖さを見せつけてやろうと思って。「てめえコノヤロー、俺の稼いだ金だ！　ガキがこづかいが足りないなんて言うんじゃねえ！　今度やったら殺すぞ、コノヤロー！」って言ったら、もう青い顔になっちゃって。それ以来、俺のこと怖がるようになったんだよ。トラウマになっちゃって、いまだに会うと怖がるんだ。

だけど、言われてみりゃあ、俺の親父と比べても、確かに俺はひどい親父だよねえ。菊次郎さん、俺のこと殴んなかったからね。だからほんとに、ひどいもんだよ。ははは。今はなんか篤がグレーシー柔術かなんか始めたから、逆に必死で言ってんだけどね。暴力はよせ、暴力はいけねえよって。あれがまた変な奴でねえ。今はなんかコンピューター使って、インターネットのホームページ作ったりなんかするようなマヌケな会社に就職しちゃってんだよ。

でも、それ以外は親子の交わりなんて全然なかったよ。基本的には、お義母さんとお義父さんがよく来てたから、ああ、この人たちに任しときゃいいんだって思ってたよね。親父なんかどうだっていいやって。親父は煙たくて、目の前にいねえほうがいいって思われる状態がベストだと思ってるもん。小っちゃい子供とお父さんの仲いい会話なんて見たくもないよ。肩車かなんかして、ディズニーランド連れてって、順番待ったりなんかしてる父親なんか、ふざけんな、あんなもん！と思う。こんなバカ親父がいるからダメなんだって。

だって俺、子供なんて根性ある奴はどんな家庭でも育つと思ってるからね。まして俺んちなんか金持ってるくせにと思うじゃない？　普通の家庭より全然いい生活してるのにって。それに俺んちは母親が全部仕切ったから。俺んちはカミさんが全部仕切りゃあ、大丈夫だと思ってるから。

で、そうやって二人とも育ったわけだけど、あやしいよね。井子なんか、『コマネチ！』で原稿書いてたりしてるけど、あいつしたたかだから、これでいくらかになるとか思ったんじゃない？　お父さんこれで涙ぐんで、百万か二百万円なんか買ってくれるだろうって。どうせ俺がくたばりゃ金がもらえるんだからね。そうはいくかいってんだ。だけど、金全部遣っらゃおうぜって言うと、カミさん、ほんとにイヤがんだよなあ。あれ、なんだろうね。「金いくらになった？　ビルなんて全部売っちまえ。遣っちゃおう」って言ったら、「あんたほんとに鬼だね。子供にあげんに決まってんじゃない！」って、すんごく怒るんだよね。

登校拒否

でも、井子が中学ぐらいの頃かなあ……………だんだん家庭に戻るようになったんだ。まあ家庭に戻るっつっても二ヵ月に一遍だけどさあ。ちょうど井子が中学で登校拒否になったときで。そのとき、うちの上の篤も登校拒否だったんだよ。帰ったらまず兄貴が「学校行きたくないんだ」「ああそう。いいよ、学校行かなくて。就職するの？」「うん」って言うから、就職なんて言っても、なんも手についた職もないわけじゃない？　だから、「外国行くか？　外国留学さしてやろうか」って言ったら、「この方法はどうかな。うちで勉強して、大学受ける資格取って、そんでやりなおす」って。「ああ、そんならいい、じゃあ辞めちまえ」って。それで辞めて、家庭教師を雇って。そしたら、その資格取ったんだけどね。井子も井子で、なんだか訳分かんないけど、友達がワルで。それは辞めさせよう、危ねえっつって。したら、井子はそのあいだに歌の学校行っちゃって。そいで、外国にも行きたいとか言うから、「どっちなんだよ」「まず歌だ」っていってやってみたら、案の定、歌当たんなくって。したら、外国に一人で行ってもう一回やりなおすって言うから「どうぞ」っつって。そいで行っちゃったの。

だけど、いい根性してんだよな。俺だったら、絶対一人で外国行くなんて怖くてできねえけどな。こないだアメリカ行ったときも、井子、平気な顔して空港に車で迎えにきてんだもん、弱っちゃったよ。

けど、子供と前面に立って闘ったのは、もうカミさんだから。もう井子と殴り合いの喧嘩するし、階段から突き落としちゃうし。で、篤の場合はほら、男の子だから。優しいからね。俺が行って言わなきゃしょうがねえかなと思って。言うときは言うけど、実にあの、そのへんのおじさん的だからね。自分が親だっていうの出さないから。だから、俺、すぐせがれに対して言うもん、「俺いつ死ぬか分かんねえから、それだけは覚えとけよ」って。

「食わしてやるし、大学ぐらい出す金はあるけども、それ以上のことを俺に期待すんな」って面と向かって言っちゃう。冷たい親父だもん。

でも冷たい親父だとかえってね、向こうからなんかメールが入ったりなんかすんだよ。メールのほうがね、親子の会話はつのるよね。井子もアメリカから打ってくるじゃない？「こんなことあって、あたしはもう怒っちゃったの」って書いてくると、「それはこうだと思うんだけど」なんつって。それは一応、優しい父親の会話をしたりするよね。

あと、長男に関しては面白いのが、浅草キッドとか、俺の弟子とかとすごく仲よくなっちゃってるんだよね。俺の知らないところで、息子はいつの間にか浅草キッドと遊んじゃってるんだよ。キッドには変なこと教えんなよって、よく言ってあるんだけど。したら、「いや、それが不思議なんですよ。酒も煙草も絶対やらないんですよ、いくら勧めても」って。『女は？』「女は大丈夫ですね。彼女いるらしいですよ」って言ってて。したら、今度はその彼女とうちのカミさんが大喧嘩になってね。そいで、せがれが俺のとこ訪ねてくるわけ。「お母さんと大喧嘩して。だけど、あの娘はそんな娘じゃない」って。それで俺は「やめとけバカヤロー、どうせ財産目当てだろう」って言うんだけどね。

娘

井子がデビューしたときは、だって俺、そんなもんやりたかねえのにさ。カミさんが「映画出せ、出せ」ってうるせえからよ。娘も「お父さん、やってやって」って言うから、しょうがねえなあと思って。カミさんと娘のプレッシャーに負けたんだ。売りこみはカミさんなんだよ、「井子、カワイイからさ、今、映画に使いなさい」って。それで『HANA－BI』の後半出ることになったんだけど。もうしょうがないよね。

まあでも…………子供はなるようにしかならないっていう気がしてね。親がなにかしらの方向づけしてやらなきゃいけないっていうことはなくて、子供が自分の環境のなかで一つ一つ選んでいくだけのことだと俺は思うから。娘の曲のビデオクリップなんて、そんなもんぐらい些細なことだからやってあげるけど、逆に俺がいろんなとこ電話して、うちの娘使ってくれとか、そんなことは絶対言わないもん。自分が恥ずかしくないところで精一杯のことやるだけだよね。

だからまあ、子供については、一人一人の子供が持って生まれた運命ってものがあるんだから、自分の子供の運命ねじ曲げてまでっていうのが、よく分かんないんだよな。俺が自分自身を曲げることもないし。これまで自分のやり方で生きてきたのに、それを変えてまで子供になんかしようとは思わないよね。もう、そういう親父のもとに生まれた子なんだって納得させるしかないよ。だから、あんまり子供に関しては気にしないね。ただ、社会的に悪いことしたなんてことになったら、全面的に出ていかなきゃいけねえなと思うけど、二人はそんなことしそうにないから楽だよね。ワルではないよね。つまんねえことやんないから。まあ、それはカミさんのおかげなんだろうけどね。

井子が芸能界に入ることに関しては、イヤなことはイヤだったけどね。でも、そう思ったからって、やる気になっちゃってる奴にそうじゃないって言うほど、俺は子供に関わってないから。発言権なんてないから。だから、どうぞって。だけど、やれる範囲のことやっても、それ以上のことは絶対やらないよって。まあ、カミさんも猛反対してたんだけどね。「あんたがやってきて、そんな楽なとこじゃないの分かってんだろ」「だけど、おまえだって芸能界引っ張りこんだんだろう」「いや、言うこと聞かないのよ、もうやるって言っちゃって」って。だから、オッケーには条件があって全部責任はおまえだからねって、井子に言ったんだよ、売れる売れないを人のせいにするなよって。で、いざやってみたら、本人も売れなかったのは自分のせいだって、よく気が付いて。それで、アメリカ行っちゃったんだもん。

大人

だけど、なんてんだろう、親子の関係からしたら、最近はメシ屋で待ち合わせしたりなんかして長男ともたまに会うし。井子も帰ってきたら必ず俺のとこ来るし、今がなんか関係が一番いいような感じだけどね。変だよね、教育の一番大変なところに俺は立ち会ってないのに、一番よくなったら俺んとこきてるっていう。だから、カミさんはほんとに怒ってんじゃねえかと思うもん。二人ともやたらお父さんお父さんって言ってるし。まあ、よーく考えたらこづかいなくなると電話かかってくるだけなんだけどね。食事奢ってとか。「ごはんでも食べませんか？」って。

あとねえ、変な俺のライヴにせがれが来ちゃったりね。「切符ありませんか」って言うから、「なんの？」「お父さん、今度、文芸地下に出るって噂聞いて。切符がないんですよ。手に入りませんかね？」「楽屋に来い、バカヤロー」って言って、それで楽屋入れてやったりして。したら「お父さん、面白いですねえ」だって。

「親父ぃ、どうにかなんねえのかよぉ」みたいな、そういうのは一切言わないね。そんな口きいた日にゃあ殴ってるもん、俺。「てめえなんか子供じゃねえよ、バカヤロー！」って。だから、そばにいても、「はいっ、はいっ」ってビシッと気を付けして立ってんだよね。昔のトラウマが、一生、残ってんじゃねえかな。

こないだメシ食ってるときにバイトの話してても、なんか原稿起こしの仕事やってるらしいんだけど、いくらもらってんのって聞いたら少ないわけ。「ああ、そう。少ねえじゃねえか」「いや、このぐらいが妥当だと思いますけど」「金欲しくねえのか？」って言ったら、「そんなにいらない」って。車買ってくれとか一切言わないからね。きったねえ恰好してるし。

娘も娘で、こないだロス行ったときは、結局娘が頼りだったもんな。娘が空港に迎えにきて、イタリアン・レストランかなんか連れてかれて。注文なんかできねえから「おい、ちょっと頼むわ」って。そんときの居心地は……まあそりゃいいよねえ。そいで俺のホテル泊まっちゃってさあ。俺のベッドで宿題なんかやりだしちゃってさ。寝るとこなくて、朝早く出てったけど。あいつ自立してんだなあと思ったなあ。外国で一人で暮らすのなんか大変じゃない？　俺、絶対できないもん。

軍団

軍団もやっぱり家族だよね。

軍団を作ろうと思ったきっかけはね、初めはほら、単純に兄貴分とかさ、あれをやりたいなあと思ったの。若い衆の面倒みるっていう、そういうのもいいかなと思って。でも、結果的には「みんなに俺が面倒みてもらって、遊んでもらってるだけなんだ、これ」と今は思うけどね。「おい野球やるぞー」とか言って、なんだか野球のメンバー集めちゃっただけだろうっていう感じだよね。

だけど、軍団を作ったのは、あの当時、お笑いやってて、漫才自体がもう限界にきてるっていうのもあったよね。そうなるともう、やっぱ組で団体になって笑わすことを考えないといけないっていうかね。団体でワッと同時に動いたり、同時にコケたりなんかする作戦を練ってやんなきゃいけないっていうね。で、それだったら弟子に入りたい奴もいっぱいいるんで、弟子は弟子で個別に俺の弟子っていうのもあり得るんだけど、ひとまとめにしちゃおうっつって。で、軍団っていうふうにして、一つのものを全員でやることにしようって作っちゃったんだよ。

メンバーはね、別に選考基準もなにもなくて、初めは早い順だったんだよ。早いもん順。ところが、五、六人に増えたときに、もうそういう噂が立って、ワーッて増えちゃったんで。あとはもうイヤだっつって。そんな次から次に弟子になんかしてられねえっつったら、いろんな作戦を練ってくるわけ。ニッポン放送の前から裸足で走ってついてきちゃったり、土下座してる奴いたり。で、ちょっと目についたら入れるなんて噂が立って、また増えてるから、今度俺はもう弟子取らないんで、ダンカンの弟子になれっつって。したら、そこでふるい落とせるんで。そこである程度やって、ダンカンが「あいつ、ちゃんとやりますからいいでしょう?」って言えば入れてやるみたいなことにして。今はもうこんな状態だから、全然取らないんだ。

〝殿〟っていう呼び方は、えーとね、みんな師匠師匠って言うじゃん。だけど、師匠ってイヤだったの、なんか浅草的で。それで他に違う呼び方はねえかなあ、〝たけしさん〟はねえもんなあ、〝たけし〟っていうのも腹立つしとかって考えてたら、いつの間にか〝殿〟になっちゃった。萩本(欽一)さんが〝大将〟って呼ばれてるでしょ。じゃあ俺も師匠はイヤだから、大将にしようかとか言ってたんだけど、大将ってのもなあって思って。したら、いつの間にか殿になっちゃってたんだよ。

雰囲気

でも、結局初めはねえ……あんまり仕事とかっていうんでもなくて、軍団と一緒に野球チーム作って遊んじゃったり、夜飲むときに一緒にいたりっていう、そういうもんだったのね。そいで結局ショーをやることになって。ライヴで軍団使ってコントやったり、歌一緒に歌ったりなんかするようになって、いつの間にかあいつらが芸能界にいるようになっちゃっただけで。今はもう、個別で仕事やりだしちゃってるけど、この先どうするかとかは、あんまり考えてないねえ。

それでなんか、メンツ的に性格的に暗い奴が揃っちゃったっていうのは……いやぁ、俺の雰囲気っていうのもあるんだろうけども、俺とその軍団の雰囲気ってのがあるんじゃない？　それがそういう雰囲気の奴を呼んでしまうんじゃないかなあ。自分はなにもないけど、あすこ入りゃあどうにかやってくれるとか、兄さんたちがいっぱいいるから面倒みてくれるとか、そういう感じなんじゃないかな。自分が自分がって奴はあんまりいないよね。

強いて言えば浅草キッドがそうかもしんないけど、あれはちょうど軍団の兄さん連中が確立した後の弟子だから。一番俺に憧れて、一番俺の弟子になりたかったんだけども、兄さんたちの後になったんで屈折してんだよね。だから、浅草キッドは俺のそばにいて俺の普段の素行を見てないんで。要するに舞台での俺しか観てない関係が続いたから。結局一番芸的には腕が上がったっての、あいつらじゃない？　俺のすぐ下ってのは芸的には上がらないよね。結局、俺の余暇の部分で付き合ってる奴多いから。ほいで舞台やるから、そいつらに任してなんつっても、パーツとしてしか任してないじゃん。だから、パーツとしての芸しか覚えられなかったんだけど、キッドはキッドとして一生懸命出たからね。すっと、俺と対極になるようなやり方をするから。だから芸的には伸びてんだよね。

信頼

信頼はねえ、あんまり誰もしてないなあ、俺。信頼してない代わりに、裏切りはしないっていうかな。信頼っていうのは必ず裏切りとか、そういうのに繋がるでしょ？　俺、それがイヤだからね。おまえは俺の弟子なんだからとかいうやり方、大っ嫌いだね。いつでも辞めていいよって。でも、口では言わないけど、俺はおまえがそばにいるんだったら、やれるだけのことはやってやろうっていうのはあるよ。それ以上のこと期待されても困るし、おまえがダメなときなんてのは、やっぱりダメだって言っちゃうけどね。

でも基本的にはね、そんなこと言ってても、落ちこぼれが出るわけ。サラ金に金借りたり。そうすっとね、結局俺が払うことになる。いろんな揉め事とか、おまえの弟子だろうって来るから。そいだからねえ、何年か前からね、お中元お歳暮を禁止してね、金でくれって言ってんだよ。「金でよこせ。人間、金だ！」っつって。金の管理は、ガダルカナル・タカが全部やってるわけ。ほいで、四百万円ぐらい貯まるとねえ、それが出てくんの。それでサラ金に借金返してんだよ。「もうやめてくれよ、おまえら！」って言うんだけどさあ…………どうしてもね、軍団のなかでも売れてる奴と売れてない奴で差が出るでしょ？　そうすっと貧乏はね、生活を落とせないから借りちゃうんだよね。（そのまんま東みたいに急に半年も干されることもあるしさあ。そうすると「東に少し金やれ」とかなっちゃうの。

誰がカワイイとかっていうのはなくて、やっぱりみんなカワイイよね、俺に憧れて来た奴だから。ただ……弟子っていうのを自分の保険にしたくないじゃん。てめえがダメになっちゃったら、こいつらに頼ろうかなみたいな、そんな気はさらさらないね。弟子と自分の関係は、自分がどうにか仕事してるときだけ、そういう関係が続けられるんだと思ってるから。自分がもう、ちょっと芸能界ダメだってなったときに、弟子なんて言ってないし。まあ向こうから誘われりゃ酒ぐらいは飲むけど、自分からコンタクト取るなんて絶対ないもんね。

約束

『フライデー』事件のときは、俺もすごい酔っぱらっててね。『フライデー』編集部に電話して、「殴りこむぞ、コノヤロー」って言ったら来いって言うから。それで、殴りこみなんか一人でやったって、とっても相手になんないからさ。じゃあ誰か連れてかなきゃいけねえなあってんで電話して、「おい行くぞ、殴りこみ」っつったら、また調子乗って来ちゃうんだよ、みんな。よしゃあいいのに。止める奴誰もいなかったんだよね。「やめましょうよ」って言えば、それで終わったのにさあ、先頭になってタクシー停めちゃうんだもん、弱っちゃうよねえ。で、行っちゃったんだよ。

だけど、変な雰囲気だったね。今考えりゃ、人生捨てることをやってたわけだもんねえ。だから、みんなはなから、お笑いとか芸能界なんてのは大した仕事だと思ってねえんじゃねえのぉ？　俺なんか平気で行っちゃったもん。なんだこんなもんっつって。そんときはダメになった後のことなんか考えてなかったよね。俺がテレビとか芸能界ダメになって、軍団の奴らも全部捨てられたなってなったときになにをやるかってのも、また俺の仕事だと思うのね。ヤクザの組作るとか。もしほんとにやってたら、結構いい組になってるなあとかたまに冗談で言うと、笑ってやんもん。

でも、もしもあれでダメになってたら…………なーにやってるだろうなあ。ちゃんと訓示はたれてんだけどね、逮捕のとき全員に。謝ってんの、みんな集めて。「悪い悪い」っつって。で、「とりあえずおまえらの面倒は、俺が一生みるぞ」って言ったんだけどね。あの後でもし本当に芸能界ダメになってたらね、面倒みてねえと思うんだ。ほいで「裏切り者、恩知らず！」とか、いろんなこと言われて。「汚えぞ、人でなし！」かなんか言われてると思う。でも、まあ面倒みなきゃしょうがないもんね。面倒みるったって、ただでさえ普通の仕事じゃみんな家族養えないのに、今考えりゃあどうしようかなと思うよね。なにやってんだろうと思う。肉体労働してでもって言ったけど、それじゃ面倒みれねえからなあ。果たしてできたのかなあ……。

でも、あのときは、本気で「おまえはとんこつ屋やれ」とか考えてたんだよな。なんか、商売やるときに、あの当時だったら千五百万か二千万出せばやれたじゃない？　焼鳥屋でもなんでも。だから最低限こういう仕事をやらせようかって考えたんだよね。でも、今は逆に言えば、『フライデー』みたいな事件はないけど、軍団の若い子のなかには芸能界ダメな子もいるわけ。そいつらにはそういうのやらせなきゃなと思うんだよね、悪いけど。ダメなままでいいならいいんだけど、はなからもう諦めてる奴いるじゃない、「もうダメです」って。だとしたら「ああそう」って言うわけにもいかねえからねえ。ほんとにどうすりゃいいんだかよく分かんなくなってきちゃったところあるよ。

安心

でも、今も相変わらずなるたけ軍団と接触があるように、なにかにつけちゃあ仕事を見つけて、みんな使ったりはしてるよね。ただ、それが表沙汰になるのイヤだから、実は俺が作ってる番組でも、軍団の番組風に作ったりなんかしてカムフラージュするけどね……だけどまあ、師匠と弟子って関係は落語家にもあるけど、やっぱり落語ってのは寄席というね、出られるとこがあるけど、テレビのタレントってそういうのがないでしょ。

前座に出られるってわけじゃないから。前座は放送なんかされるわけないんだから。そうすっと、要するにテレビ界に寄席を自分で作ってやんないと、こいつら出られないなってのあるから、わりかし『スーパージョッキー』やなんやらでそういう寄席的な番組を、下のもんも簡単に出られるようなのを作ったんだけどね。今は、またそういうのを作んなきゃいけねえのかなとか考えてるよ。

やっぱり会うと安心するもんね。今二週に一回、『(足立区のたけし、)世界の北野』とかで会っても、ホッとするよ。それに、月イチか二ヵ月に一遍ぐらいは、タカたちに下の奴を必ず青山の俺んちに連れてこさせて宴会やるし。まあおかげ様で、肉やなんか全国かららいいの送ってきて、俺んちすごくいっぱいあるから、それを吐き出すためには、宴会やってガンガン肉焼いたりすき焼きやったりなんかして食わさなきゃ処理できないからね。ある意味じゃあ、倉庫整理なんだけどね。だけど、なんか……おいしいんだよね。師匠の家に呼ばれて酒飲むなんて、普通、下のもんにとってはイヤなもんじゃない、気ぃ遣うからさあ。だけど、軍団の奴らはさ、ビートたけしを間近で見たいっていうのがあんだよね。「たけし呼んで飲もうよ」っていうかさ。あいつらからすれば、全部タダだしさ。もう嬉しくてしょうがねえみたいなの。それはおいしいよね。

だけどそれがね、下手すっとカミさんのためにやってるみたいなとこもあんだよね。家帰る理由が作れっから。電話で話もできるしね。「おい、若いの行くからよう」「いつ?」なんてさ。面白いんだよ、うちのカミさんって。若い衆集めて、料理作って、俺の隣に座っちゃって。若い衆に言うフリして俺に文句言ってんだよね。「イヤんなっちゃう、この人さあ。こないだだってそうじゃない? あんなんでどうのこうの」とかさ。「聞いてよ!」って若い衆に俺の文句言うんだよ。要するに、一種のカミさんのガス抜きだから。そこでカミさん、いっぱい俺に文句言えるからさ。ほいで、そのあと、うちのカミさん能天気だから、軍団とカラオケで歌っちゃったりなんかしてんだもん、弱っちゃうよね。

でもまあ、俺の場合、ほんとはそうやってカミさんの手の平の上で踊らされてんのかもしれないけど、それが心地いいのに越したことねえんじゃねえかなあ。人を手の上で転がすの、大変だよ。俺は手の平の上で踊らされるように、もう子供時代から徹底して作られてきたみたいなとこあるよね。楽だよ、迷惑かけ放題。だから、変な話、たけしって奴を作るために、どれだけ裏で支えて犠牲になった奴が出たかってだけの勝負だと思うんだ。俺の実力だけで、ここまできたわけでもねえし。それはよく分かってんだ。ある環境のなかでこそ、ある生物が生まれるみたいなもんで。俺を作ったのは俺の周りの環境なんだと思うよね。もうそれは自然なもんだよ。カミさんとそういう話なんてなんにもしないけどさ。こないだしたシリアスな話は、どこどこのビル買うか買わないかっていうことだもん。「十年のローンを組んで……」「おまえ、まだ十年俺が働くってことか、コノヤロー、ふざけんな！」「だって、出物なんだもん」「なにバカなこと言ってんだ」って。

財布

だけど、俺、あんまり自分が稼いだ金、俺の金だと思ってねえんだ。俺はポケットにある金しか自分の金だと認めてないから。だから銀行にいくらあるとか、資産がどうのなんて、全然考えたことない。カミさんが欲しいならどうぞって。あんまりないんだよ、俺、どこそこ住みたいとかそういうの。みんなね、嘘だろうって言うけど、ほんとにね、俺、三畳間が一番いいもん。テレビ局の楽屋の寝心地のいいこと。だから、あんまり物欲がないね。メシは美味えほうがいいけど、かといってそんなに毎日食うわけでもないし。あんまりないんだよね。

だから、わりかし自分の頭のなかで解決しちゃうときってあってね。想像力で済ましちゃうっていうか。例えば、半年かけて世界中、高級船でクルージングするのいいだろうって言われりゃ、確かにそりゃあいいだろうなあと思うんだけど、いざ自分で想像してみると、二、三十分で終わっちゃうもん。「行くか？」って、行くわけねえじゃねえか、もう頭んなかで見ちゃってんだもん。行ってみなきゃ分かんないよって言ったって、行ってみたってだいたい想像どおりだよ、そんなもん。だいたい想像が一番すごいんだって。現実ってそれ以下が必ず現れてくるから、来るんじゃなかったってことになるに決まってんだろうって。

確かに、番組で行ったピラミッドなんかは面白かったけどさあ。あれ、行きたくなくて行ったから。もうこんなの、面倒くせえと思って。実際見るのは、たった一、二時間しかないんだよ。夜中の十二時に出て、正午の十二時に着いたんだもん。ほとんど寝てないまま、ピラミッド見て、頭グチャグチャになってて。すげえと思ったけど、幻覚じゃねえかと思ったよね。

愛情

うーん、俺、ファミリーっていう概念がすごい不思議なのはね……地球のいろんな子孫のためにって言うけど、我々は自分の先祖どこまで知ってるんだって。せいぜいおじいさんだろうって。俺なんかおじいさんも知らないけど、おじいさん以上の人に、だいたいどれくらい愛情を持ってたんだってことでしょ。名前が歴史的に残ってて、そのおかげで今いい生活してる奴は、そりゃあ先祖が明治の大君で、その人の金で食ってるとかってんで、そういうのあるのかもしんないけど、普通の家庭で育った奴がひいおじいさんにまで感謝するわけねえだろうって。しょせんは自分の生きてきたスパンのなかで、愛情とか人情とかやってるだけであって。だとしたら、そんなもん最初からないものとして、たままその時点で一緒にいたんだとしたら、最低限の愛情だけっていう感じしかないね。おまえら、これから生まれてくる自分たちの子孫のために地球を守んなきゃいけないなんて、思ってるわきゃねえじゃねえかと思うよ。それだったら車乗るんじゃねえって感じだよ。

意外にどうもあやしいんだよ、地球環境なんて言ってる奴ら。だって現実に我々思わないでしょ？　先祖のことなんか。まして先祖のこと知らないんだから、どこにいたんだか。

思うんだ。

だから、そいつらに感謝もしてねえし、何の感情も抱いてないとしたら、こんな歴史のなかの、短い、あっという間の瞬間に、おなじテリトリーで生きてきただけの話だと、俺は思うんだ。

だからあれじゃねえかね？　よく、すごい家庭を大事にする奴いるんだけど、それが意外に子供の頃に親からね、ひどい目に遭ったりなんかしてんじゃねえかと思うんだよ。そうやって考えると、俺の場合、はなからそういう愛情が満ち溢れてたところから出てきたわけだから。だから、別にいいっていうかさ。田舎の変なとこで生まれた奴ほど都会に行きたいのとおなじでさ、みんな自分が経験してきたのとは逆のことを求めるんじゃねえかと思って。だから、俺、家族のありがたみ全然分かんないもん。よく考えりゃあ、相当愛情豊かに育てられたんだよね、わがまま放題で。だからそれに全然気が付いてねえっていうかさ。愛情をあげることなんて全然気がついてないと思うんだ。愛情を欲しくてしょうがない奴のほうが、やっぱり「子供に愛情を豊かに」なんて言うんじゃないかと思うんだよね。

だから、おふくろにほんと溺愛されたのが大きいんだと思うなあ。女房いて子供いるときでも、母親んとこ行くと、やっぱり「母ちゃん」になってしまうんだよね。母親も母親でいつまでも俺のこと、こんな小っちゃい子供の感じなんだよね。あれ面白いもんだなと思うよね。ましてこう、やたら俺のことかまってた人だから。

でもまあ、そのぶん、愛情はすごいんだけど、片っぽで妙な倫理観も徹底的にやられた感じすんだ、躾っていうかね。「お客さんが来てるときは向こう行きなさい」とかさ。食事の仕方とかさ。だから、俺、しばらくは人と一緒に食事できなかったもん。躾にうるさくて箸の使い方やなんだで怒られたから、子供のときに食事が儀式になっちゃってね。イヤだなあと思って。買い食いですぐに食べるスタイルを知ったときなんて、これほどいいもんないと思ったもんね。だから、俺ってなんか変なとこあってね。ネタでもそうだけど、俺の喋ってることとかやることとって、そういう儀式みたいなものをブッ壊すというか。食べ物、手で掴んで食っちゃったりするような感じだと思うんだ。それぐらい逆に溺愛されたし、徹底的に躾をやられたんだよね。そういう意味じゃ、やっぱり今、たけしというのがあるのは、おふくろとかカミさんが大きかったんだろうね。

北野武、酒を語る

端緒

酒を初めて飲んだのは高校三年ぐらいかなあ。酒も煙草も同時だよね。酒とか煙草っていうのはワルがやるもんだっていう、ただそれだけの話でさあ。親父の日本酒、カプッと飲んで。でも、そんときは別に美味いと思わなかったよね。ちゃんと飲めるようになったのは大学生になってからだよ。そのときは、ただ、なにこれ?と思っただけだったなあ。

酒を美味いと思うようになったのは、やっぱり大学からだね。まずビールを美味いと思ったよね。大量に飲んでたかって言われると、そんなにねえ、学生の頃って金ないじゃない? だから大量に飲むまで金が続かなかったんだけど、でも金がありゃあ飲んでたよね。

量っていうんで言えば、一番ひどかったのは浅草の芸人の頃じゃねえかな。あの頃、売れるまでのあいだっていうのはもう、とにかく酒ばっかり飲んでたね。なんかいろんな酒があったんだよね。焼酎を割ったハイボールってのが、指二、三本分の焼酎に梅をちょっと入れてソーダで割るってやつだったんだけど、それが一杯五百円だったかな、すごくデッカいやつで。だから、だいたいそれを二、三杯飲みゃあ調子に乗っちゃうんだよ。でもまあ、それを二、三杯飲む金もなくてさあ。奢ってくれたから飲んでたけど、それはもう当時の浅草じゃあ高級酒なんだよね。

だって、バクダンっていうのがあったんだけど、それなんか純粋にメチルアルコールだけなんだよ。ほいで、一緒に水が一杯出てきて。ちょっとずつ水飲みながら、それを飲むっていう。単なるアルコールだったんだけど、みんな酔うためだけに、それ飲んでたんだよ。しかも、あれは目にきてねえ。浅草じゃ失明者が続出してたもんな。俺もそれ一回だけ飲んでみたことあるんだけど、飲んですぐに倒れたもん。「あ、これ飲めない」っつって。あんまりキツいからさあ。

で、しばらくしたら、ようやくウイスキーが出てきて。一番売れたのがサントリーのダルマ（サントリーウイスキー　オールド）じゃないかな。あれ飲んでりゃ高級酒だったんじゃない？　あとはハイニッカか、サントリーのレッド。これぐらいしかなかったんじゃねえかなあ。ジョニー・ウォーカーとかああいうのは、あくまで外国土産でしか見ることがなくて。三本までとかいうのを買ってきて、当時はサイドボードかなんかに置いといただけだったんじゃないかね。

嘔吐

けど、まあ、なんであんなに酒ばっかし飲んでたかっていったら、美味いというより、ほとんど酔いたかっただけだよね。周りが飲むからさ。周りが酔って顔赤くして、ワアワアワアワア言ってっから、おいらもそういう状態になりたかったんじゃないの？　だから、本当に心の底から美味いと思ったことはほとんどなかったよ。途中からレミー・マルタンやなんかを飲みはじめたときは、ああこりゃあ美味いと思ったけどさあ。売れた瞬間に酒のランクっていうのが急に上がったからね。ハイニッカぐらいから一気にレミー・マルタンだもん。そりゃあ酒が美味いよね。だから、それまでは日本酒の冷やのワンカップとか、ああいうやつを飲んでたんで、あんま美味えと思わなかったよ。でも、飲んでることは飲んでたんだけどね。

だって、当時はさ、酔うこと以外ほんとやることなかったもん。家帰ったってなんにもねえし、三畳のアパートは寒いし。家で、お茶一つ飲むわけじゃなかったからね。小っちゃいコンロが一個あるだけなんだから。そうすっともう、家帰るってのは寝に帰るだけだから、それまで退屈じゃない？　ずっと酒でも飲んでって。そんなののくりかえしだよね。

意識失うまで飲んで、やることねえのゴマかしてたって感じじゃねえかな。

酒、強くなったのは、いつ頃からかなあ。いつ頃から酔っぱらわなくなったんだろ。人よりゃ酔っぱらわないよね。酔っぱらってんだけど、そんなに酔っぱらってるように見えないらしいんだよ。でも、最初は吐いたりしたよ。気持ち悪かったね。なんか酔っぱらって吐いてるわけじゃなくて、ただアルコールが気持ち悪いんだよ。だけど、それがいつ頃からか吐かなくなって。ほろ酔い加減になってきたんじゃない？　したらもう、ずーっと変わんないね。

だから、初めは吐いたりして抵抗あったけど、なんにもすることないっていうか、売れてないときは、結局、酒しかなかったんだよね。学生んときもそうだったけど、女がいるわけじゃねえしさ。そいで、うだつが上がらねえから夜んなると、金持ってそういうとこ行って、酒飲むか、麻雀屋に行って麻雀勝った奴が奢ったり、それのくりかえしだから。浅草行ってもおなじだったね。売れない芸人が揃っちゃあ、焼酎屋行って飲んでたっていうだけだよね。

病気

身体を壊したことは、肝硬変に一回なったぐらいかな。二十七歳とか二十八歳とか、芸人になって、やや売れだしたときになったんだけど、それでも病院脱け出して、生ビール飲んで帰ってきたら、病院からおんだされて。「二度と来んな！」って怒られて。ほいで「なんだよ、バカヤロー！」とか文句言ってたら、「飲んだって死にゃあしねえや」とかなんとか周りが言うから、また本格的に飲みはじめちゃって。そっからは何十年間、相変わらずなんでもねえんだ。

いや、でもほんとに入院したんだよね。脂汗出てきて、真っ黒な顔んなっちゃって。死線をさまよったなんて気はさらさらないんだけどさあ。「肝臓やられてるよ」「あ、そう」「あんたダメだよ、酒やめなさい。ひどいよ、これ」「うん」って。でも、飲んじゃってるんだよね。「べーつにいいやぁ、死んじゃうなら死んじゃっても。しょうがねえや」とか言って。

入院は一週間ぐらいしたのかなあ。だけど一週間目にね、あまりにも退屈で脱け出しちゃったんだよね。テレビはないわ、隣にゃ死にかかったジジイはいるわさ。四人部屋なんだけど、あまりに退屈でしょうがねえから、同室のおじさん誘って、「ビールでも飲みに行こうか」っつったら、鬼のような顔して睨まれて。じゃあ一人で行くかって、塀乗り越えて行っちゃったんだ。したら怒られちゃったんだよ。

もう、その脱け出すときっていうのは、酒飲みたいなあって、それだけだね。今日はこれで一日いいやと思って。なんか頭の悪いアル中のオヤジみたいだよな。けど、アルコールがどうしても飲みたくてっていうんじゃないんだよ。ただ退屈だからだったんだよね。夜ずーっと起きてるしさ。ほいで、飲み行って、ほろ酔いになって。枝豆とビールで調子よくなって帰ってきたら、「出てけ!」って言われちゃったんだよ。「そんなことするんだったら、あんたの面倒なんかみられない」って。

だけど、その当時は、芸人のなるみしんさんがアル中で亡くなった頃で。アル中とか酒で死ぬってことは、浅草の芸人にとっては別に当たり前のことだったんだよ。亡くなった人かなりいたもん。だから、「いいなあ、浅草の芸人さんは、そうやって死んで」って憧れてたんだよね。なんかダメになっていく芸人のロマンがあるなと思ってさ。だから、周りの人で「あの人は芸があるんだけど、酒で身を滅ぼしたな」なんて話になると、偉いっ!と思っちゃったりしてね。「俺もそうなってやるぞ!」ってね。

だけど、そこで急に漫才が当たっちゃったんだよね。したら、今度は酒飲む暇なくなっちゃったんだよ。たまにしか飲めなくなったわけ。飲んでも、ホテルかなんかでちょっと飲んで、もう寝なきゃいけないじゃん。そうすっと肝臓も強くなっちゃうじゃない？　だから、ある意味、忙しさで治っちゃったんだよ。でも、売れなきゃ売れないで、酒代がないっつって強くなったんだろうけどね。

自壊

だから、それからはもうアル中みたいになったことは一度もないよ。隠れて飲んだりとかしないからね。地方なんかでもホテルんなかで酒飲ましてくれることは飲ましてくれるけど、ちょっとしか飲めねえしね。もう寝てくださいって言われて。外遊びに行くと怒られるし。それに、それほど飲みたくもないからね。

そういう意味じゃ、本当はあんまり酒なんか好きじゃないのかもしれないよ。ただ、自分を壊すのが楽しいときがあるんだよな。自分自身を「ブッ壊してやれ、こいつ」とかいう感じでさ。自分の身体を自分でわざと痛めつけてやるっていうか。そういうの、わりかし好きなんだよね。

あと、銀座には………キレイなおねえちゃんいっぱいいるから。こういうのとみんなできるのかと思ってよ。「酒だ！」とか言って。酒だって言いながら女なんだよね。金入りゃあ「行くぞー！」っつって。「うーん、ああいう奴とほんとにヤれんのか」とか言って。訳分かってねえんだから。「へネシーなんて外人いらないよ、日本人よこせ」「いや、お酒の名前なんですけど」って、そんな感じだったんだから。

豪遊

でも、まあレミー・マルタンっていうのは、ちょっと美味かったね。飲んだことない酒だから。ああ、いい酒ってのはこういう味なんだって。それで、もう一回、今度は日本酒飲みなおしたの。そしたら、昔、日本酒ってマズイ思い出しかなかったんだけど、ほんとに美味いのあるんだって。冷や酒なのに「これ美味いよ」って言われて飲んでみると、確かに美味いの。ああ美味いんだ、日本酒っていうのはって、それで気付いちゃって。そっからウイスキーもブランデーも、みんなもう一回やりなおしちゃったの。だから、高価なやつはほんとに美味いっての、よく分かったっていう。

あと結局、酒がよくなると同時に、つまみがよくなってんだよね、料理屋とか行くようになるから。そうすっと、今まで柿の種とかさ、かっぱえびせんみたいので酒飲んでたのがさ、急に「穴子のなんとかです」って出されるわけじゃない？　そりゃあ酒も美味いと思うに決まってんだよね。合わせ技になっちゃってるから。で、こりゃあいいって酒ばっかり飲んじゃったんだよね。

下手すっと、酒と女と美味いもんていうのはセットでさあ、どれが欠けてもダメなんだよね。どれ一つ欠けても気に入らないんだよね。そういうのの延長線上で車買っちゃったり、なんか、訳分かんないことやってたんだけど、今考えりゃ、楽しかったのかなあ？って感じだよね。しょうがなくやってるっていうかな。貧乏な頃の復讐戦やってるような気分だったよね。

義務

だから、酒の力を借りて寝るとか、ワアワア騒ぐとか、憂さ晴らすっていう時代と、今度は、酒を名目に銀座行ったりなんかして、酒の力でねえちゃん口説いちゃったりなんかする時代があって。もう今は酒の力に頼んなくなったっていうかね。別に酔うつもりでもないし。ただ美味い酒飲めりゃあいいってなっちゃって。それに付随するものって、あんまり期待しなくなっちゃったんだよ。だから、最近じゃいつもワインばっかしなんだよな。『オールナイトニッポン』とかベロンベロンなって出てたのは酒飲んでるうちに自分の番がきちゃってさ。ほんとはいけないんだろうけど、酔っても怒られねえって感じあんじゃない？　怒ったらやめちゃおうって。ひどいんだけどさ、それでやっちゃってたんだよね。

酔っぱらったときの放送は、ひどかったらしいね。俺、自分で自分の放送聴いたことはないんだけどさ。だいたい自分でやったものは一切、終わった後は絶対関わらないようにしてんだ。うんこみたいなもんだから。これがおまえのうんこだって見せられたって、うーんって考えてる奴はいないでしょ。流せ早く！って思うじゃない？

でも、ラジオもしょうがないからやってただけだよね。ほんとはもう帰って寝たいんだけど、仕事ですからなんつって。なんでこんなに酔っぱらって仕事しなきゃいけないんだっつって。おまえが飲んだからだろうってのは分かってんだけど………飲まなきゃいいんだろうけどねえ……それが難しいんだよねえ。

過失

ここ何年かは、酒飲んじゃうと景気がよくなって、一人バブルが始まっちゃうんだよ。みんなにこづかいやっちゃって、すっからかんになってんの。すぐホステスに金渡しちゃうんだよ。全員に一枚ずつやっちゃったりすんだよなあ。

一回、全然知らない女が隣に寝てたときは、どうしようかと思ったもん。あったんだ、そういうこと。確かに覚えあるんだ。昨日、そいつがいたようなさ。だけど、そいつが朝いびきガァガァかいて寝てるの見たときは、どうしようかと思ったね。アジャ・コングみたいな奴で。ちょっとしか覚えてないんだよねぇ。「あ、昨日飲んでたな」って。で、しょうがないから、そいつに聞いたんだよ、「なんか変なことしてないだろうな」って。したら、「ちょっとだけ」って言われたときは、どうしようかと思ったね。どの部分がちょっとなのか、よく分かんなくてさ。

あと、酒の過ちっていうんでいくと、島田洋七のベンツの上でウサギ跳びやって、屋根ボコボコにしたことあるよ。ベンツ買ったって言うから、「なんだ、この汚えベンツは！」ってボッコボコ。最初は「やめろやめろ！」って洋七も言ってたんだけどさ、しまいにはヤケクソになって「頭きたから俺もやってやる！」って。なんでおまえ自分のベンツの上でウサギ跳びしてんだって。ほいで、サンルーフがグーッて開くやつで。明け方もう頭きちゃって、裸になって、チンチン、サンルーフの下から出してんの、フルチンコ～！とか言って。したらパトカーに捕まって、えっれぇ怒られちゃった。

まあ、おねえちゃんの戦果はずいぶんあったねえ。でも、あんまり店とか、そういうとこではねえ……俺、過ちないよ。俺、酒飲むとね、ああいう高級店とかいうとこではちゃんとしてるんだよね。結構、相手見て酔っぱらってるとこあるのかもわかんないよね。

薬物

酔い方はね、結構明るい。くだらねえこと延々言ってるらしいよ。おなじことを酔っぱらうとくりかえすらしいんだ。だから、軍団なんか「ああ、またきたたきた」って。「酔ってる酔ってる」って。何をくりかえしてるのかね？ なんだか覚えてないよ。やたらくりかえすっていう、ただそれだけは言われるね。

酒の量は最近減ってきてるね。時間もいつまでも飲んでないし。すぐ眠たくなってきちゃう。だから、メシ屋行って二時間めどで。酒飲みながら、ごはん食べてたら二時間経つ。そういうところだね。

だから、おねえちゃんがいるようなところも最近は行かないよね。しかも、だからってあーんまり淋しくないしねえ。面倒くさいよね、おねえちゃんも。段取り踏まなきゃいけないし、会わなきゃいけねえしと思うと、俺にはオナニーがついている!って。「強い味方があるんだ。まあ、オナニーさえありゃこっちのもんだ」って。こないだ飲み屋で若い衆集めてそれ言ってたら、みんな情けない顔すんの。「ダメだ、この人」って。

うーん……俺、クスリはねえ、みんなヒロポン中毒でくたばったの見てるからね、あんまり興味ないね。それが原因でくたばると、カッコ悪いからイヤだなあ。酒ならまあ、一応合法的だから。クスリってなんか…………酒だと、酔っても自分が考えてることは、基本的なとこは崩されない感じあるけど、クスリって基本的な考え方まで崩されるような気がするからね。俺はやっぱり根本的な思想として、人生をただ楽しむだけのもんだとは思ってないし。淡々と生きるもんだと思ってるから。楽しもうとしてはいけないし、別にイヤがってもいけないっていう。ただ、普通に仕事を考えて、酒飲んだりして生きてることが一番ベストだと思ってる。でも、クスリなんかやると、その考え方自体を根底から崩される可能性あるじゃない？　したらちょっと、ヤバイ、パニくるな、これと思ってるから。酒飲んでるときも、常にいる一歩ひいた自分っていうのまで酔ってしまう気がするからね。酔ってる自分を見てる自分がいるから、「ああ、酔ってる酔ってる」って分かるけど、そのもう一方で見てる自分まで狂ってきちゃうと、もうなんだか分かんなくなっちゃうじゃん。ト手すっと、二つの人格が一致してしまう怖さがあるじゃん。それはイヤだよね。

酒量

俺ねえ、一番飲んだときっていうのは、二人で八升、飲んだことあるよ。日本酒の一升瓶八本。ほんとだよ。富田（勝）さんっていう野球選手となんだけどさ。その店も、これは記録だっつってたよ。なくなっちゃったもん、一升瓶。竹をね、太い竹をこう伐ってね、そこに酒入れて燗してね、そいでカッて飲むんだけどね。そいつが美味いとか言っちゃって。今考えりゃ、なにが美味いんだろうなあ。あくる日はさすがにボーッとしてたけどね。でも、そいでも仕事になったんだなあ。ひどいときはそういうふうに飲んで、明け方新宿のバッティングセンター行って、野球やってたってのあるもん。ボコボコ打ってたんだって。みんな「バカじゃねえか。あの人」って。

あと、ベネチアで賞もらって、フランスから森さんと帰ってきたときだって、俺、機内でジャック・ダニエル三本空けたんだよ？　最後、日本到着間際なんか、スチュワーデスが機内にはジャック・ダニエルなくなりましたって言ってたんだから。森さんと景気よく、「うわー、やったー！」とかって飲んじゃって。森さんも森さんで、缶ビール二十何本も空けちゃって。

そいでその後記者会見やったんだけど、二人とも抱えられて飛行機から降りてきちゃってんの。なんだ、酔っぱらってんじゃねえかって。

疑念

今はね、もうほとんどワインしか飲まない。こないだウイスキーを久々に飲んだら、美味かったんだけどさあ、「気をつけよう、これ。ダメだ、美味いから飲みすぎちゃいけない」と思って。やっぱりワインにしとこうと思ったもん。要するに、もうウイスキーを受けとめる体力がないんじゃないかな。美味いのは分かるけど、これ何杯も飲めないなって。

たまに飛行機に乗るときはジャック・ダニエル飲んで、ワイン飲んで、そいでクテッていっちゃうのが定番だったんだけど、外国はほとんど食事のときワインでしょ? だからワインばっかしになっちゃった。向こうじゃワイン飲むってことは食事するってことなんだよね。

でも、今でも飲めば飲むよね。いつまででも飲む。ワインなんか、十何本なんてのあるよ。まずメシ屋でワイン飲んで。その後、ただ飲みたいだけなんだけどさ、変なクラブで仕事の打ち合わせと称して、呼ばれて行って、ワイン飲んで。「あ、ワインもう四本までいっちゃった。たけしさん、飲んだねえ」「いや、ここ来る前に四本空けてるんですよ」「なにそれ?」って。もう一軒、カラオケ屋行こうかって、また飲んで。計算すりゃあそれだけ飲んでんだよね。

だけど……………酒が好きなことは間違いないけど、人が好きだと思うほど好きじゃないっていうかな。他の人のことはよく分かんないけど。美味そうに飲んでる人見て、「いいなあ、あの人ほんとに美味そうで」と思うもん。自分はそんなに美味いと思えねえっていうか……………よくほら、せんべいをさあ、人がポリポリポリポリ、音出してかじってんじゃない? 俺、子供のとき、あれでずーっと悩んでたんだよ。なんで俺はあの音が出ないんだろうって。耳に直接くるじゃない？　するとガリガリじゃねえ？　でも、あっちはポリポリだろ。なんで俺のせんべいだけはああいう音で食えねえのかなって、ずーっと思ってたよ。

そうすっと、浅草の一杯飲み屋でおじさんがさ、顔赤くして日本酒飲んで、キュウリかなんか食ってんの見て、美味そうだなあって。でも、いざ自分が酒飲みに行ったら、「なんだこれ？」って。なにがこんなに美味いんだろうって。「俺、味覚、絶対違う！」って悩んだことあるもん。

だから、酒も疑いながら飲んでるよね。煙草もそうだけど、俺、ここはダメだって言われたら絶対に吸いたくないんだよ、飛行機でもなんでも。煙草吸えませんってなったら、別にいいよってなる。酒もそうだよね。ここでは飲んじゃダメですとか、飲んでもいいんだけどやめなさいよっつったら全然飲まなくていいもんね。病気とかも全然ないし。元気、ぜーんぜん元気。でも、こんなことばっか言ってると、歳とったときに、そのうち手が震えたりすんだろうな。それはイヤだよなあ。そうなる前に六十とかで死なねえかな、なんかポックリとさ。

北野武、暴力を語る

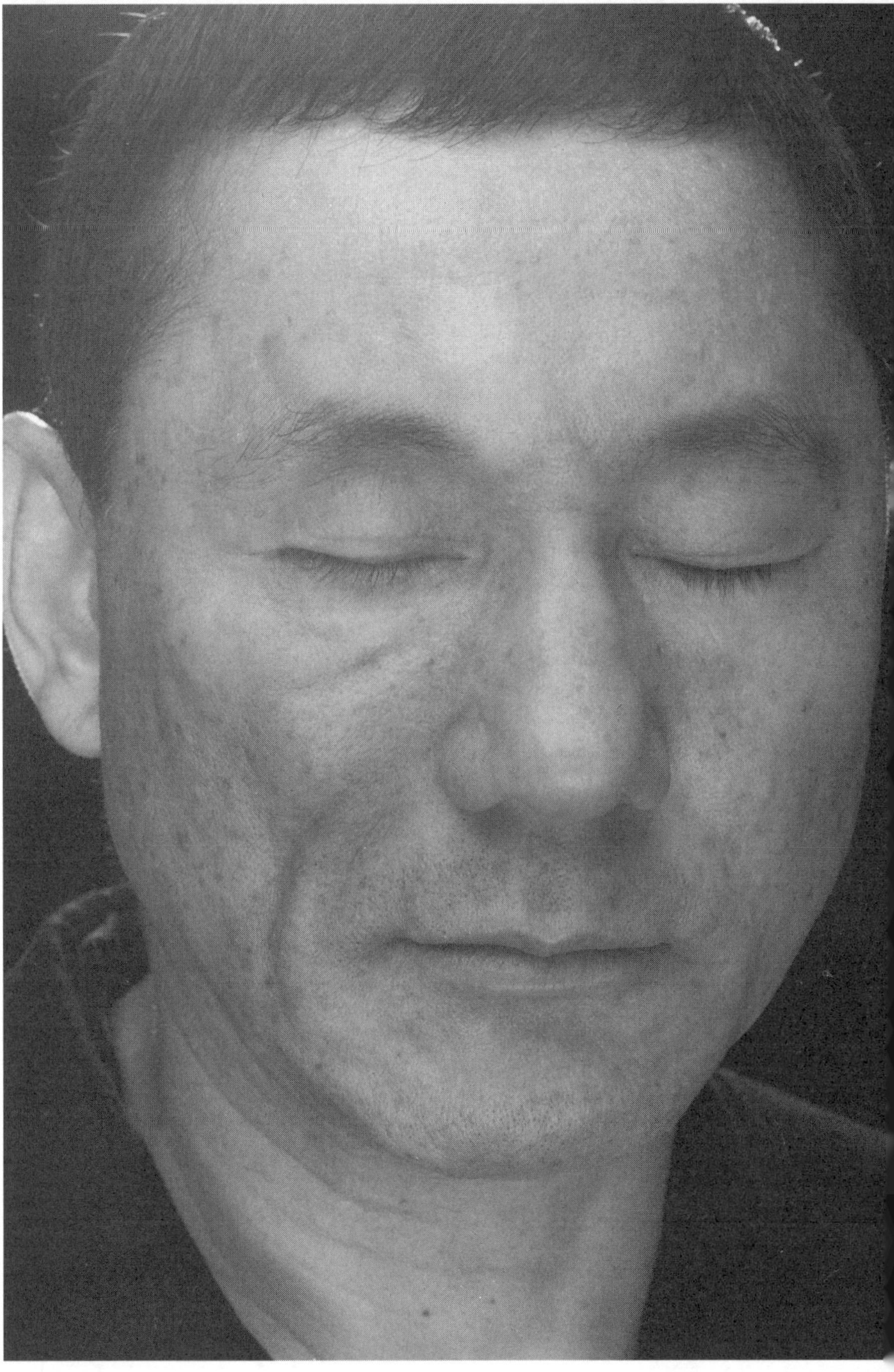

中学

俺、別に小っちゃい頃から全然おっかなくないよ。非常に人見知りだったし。喧嘩するにしても、相手のことすごく気にしてやったほうだな。それに、喧嘩なんてしだしたのは、やっぱり、おいらの場合だと………小学校六年ぐらいか中学ぐらいじゃねえ？　小学校の場合はほら、小学校六年間で同級生の奴のこと全部知ってるじゃない？　六年間ずっとおなじような顔だったから。だけど、中学になると、一つの中学にだいたい三つから四つの小学校の生徒が入ってくるわけじゃない？　すっと、そこで初めて対立みたいのが起きるんだよね。

派閥みたいなもんだよね。結局どこどこの小学校のワルと、こっちのワル、どっちが強いかとかいって、それが新しい中学の番長決めるみたいなとこあるじゃない？　すっともう、いきなり中学に入学した瞬間から睨み合いが始まるんだよね。俺の中学なんて入学式で既に殴り合いやってたもん。しかも、俺の場合、越境入学して、地元のみんなが普通に上がる中学校と別の中学に行ったから、なおさらだったよね。

別にわざわざ越境入学したその中学校が悪かったんじゃなくて、そこはそこで受験校だったんだけどね。でも、そこ夜間中学もあるし、とりあえず、その近所の奴はみんな、その中学に入るし。だから、上のほうはみんな頭いい奴ばっかしなんだけど、バカな奴はバカだから。あの当時ははっきりしてたんだよね。バカと頭のいいのが完全に分かれてたもん。だって、俺、団塊の世代だから、一クラス六十人だよ。それが十六クラスで、一学年千人。よく授業できたなあと思うけど、でもほんとそうやって生徒の数が多かったから、頭のいい奴のなかには、東大行って、その後MIT（マサチューセッツ工科大学）とか行って、教授になったりなんかした奴もいたし、もう片っぽのほうは闇の社会の親分になったのもいるし、変な事件起こして捕まったバカもいるし。今だったら絶対学校に出てこられないだろうって奴がいるわけだから。だから、喧嘩も強いのと弱いのと、はっきりしてるし。すごくグッチョグチョな社会だったね。

喧嘩

俺は、その千人のなかだと、勉強も中の上だし、ワルも中の上だったね。ある意味、一番当たり障りのないとこにいたんだと思うよ。喧嘩とかワルをやってる奴のグループにくっついてっと安全だからって、そばにいて。ほいで、もう一つのワルのグループと喧嘩とかなると、もうどっちつこうか困っちゃうんだよね。

俺自身の最初の喧嘩らしき喧嘩っていうのは、あのーなんつうんだろうなあ、知ってる奴との喧嘩って、そんな喧嘩でもないじゃない？　だから、そういう意味でほんとの喧嘩っていうのだと、臨海学校行って全然知らない小学校の奴とカチ合ったってのあるね。夜、泊まってるとこ脱け出したりすっと、他の小学校の奴とカチ合うときあんだよ。もうお互いに臨海学校で来てんの知ってるからさあ。そうなると、なんでか分かんないけど、とにかく喧嘩が始まんだよ。「なんだコノヤロー！」になっちゃうの。

三人ぐらいずつでカチ合ったんだけど、相手の奴が異常にデカいんだよ。えばってんのよく分かるんだ。でも、ガキだからさあ、やっぱりすぐ泣くんだよ。あの当時、ビーチサンダルなんてなくて、変な便所の木の下駄みたいなやつだったから、それで脛を思い切り蹴飛ばしたら、プルッと皮が剝けちゃって、血が出た瞬間に泣きだして困っちゃったもん。俺もとんでもないことしたなと思ったけど。そいで終わり。わんわん泣いてんの。

近所

別にそれは、うちの近所のこと考えれば、なんでもなかったからね。だって、隣の本木町ってとこなんか、そこ行ったら、絶対にお金取られんだよ。おなじぐらいの歳の奴が出てきて「金出せ」っつって。それ当たり前だと思ってたんだから。

うちの近所、おでん屋も紙芝居も来なくなったぐらいだもん。紙芝居って、自転車で来ると拍子木をカンカン叩くでしょ？　ほいで、子供が「あ、紙芝居屋が来た」っつって、路地の片隅にみんな行くと、おじさんがソースせんべいとか売ってて。それが二十人ぐらい集まると、「月光仮面は……」って始まるじゃない？　で、おいら、そのオヤジが拍子木でカンカンカンてやってるうちに、自転車盗んで乗ってっちゃったんだもん。ほいで、公園でなかのもん出して食ってたりなんかしたら、紙芝居屋のオヤジが「このへんに紙芝居なかったですか」って、そこらへんの家なんか必死になって探してんのよ。ほいで、それ二回もやったら「二度とこのへんには来ない！」って、紙芝居屋が来なくなっちゃって。

あと、昔はおでん屋がチリンチリン屋台引っ張りながら来たじゃない？　そんときに俺、勝手に蓋開けて、おでん食べちゃってたの。オヤジ、屋台引いて「なにやってんだ、バカヤロー！」って言いながら、おつゆかけてきたりなんかして。それでも、俺、「アチィ！」とか言いながら喜んでたら、おでん屋も二度と来なくなっちゃって。もうどうしようもないよね、足立区千住。ほんとひでえとこだったもん。

中学三年で全身入れ墨してんのもいたからね。うちの近所は知らない人とカチ合うと、とりあえず喧嘩になったし。やっぱり相当卑屈なとこあったんじゃないかなあ。だってね、うちの近所に金持ちの娘がいたんだけどね、その娘はあんなとこから青山学院大学かなんか行ったんだよ。で、俺がもう高校生ぐらいのときの話だけど、そこに慶應だかなんかの奴が、車かなんかでその女の子を送ってきたの。したら、女の子降ろして家に入った瞬間に、その車みんなに囲まれてボッコボコだもん。別にその女の子に恨みもなんにもねえんだけど、とにかくああいうの腹立たしかったんだろうね。

ヤクザ

今はもう、サラリーマンがいっぱい住んでっから普通だけどね。おいらんときは、乾物屋さんとか、服屋さんとか、下駄屋さんとかがいっぱいあって。その人たちがいい生活をしてるほうの人たちだと思ってたもん。豆腐屋さんなんて、豆と納豆と、変な豆腐みたいの置いて売ってるだけなんだけど、自分ん家で商売やってるなんてのは「いいうちなんだろうなぁ」と思ってたよ。

それに、うちから二〇メーターぐらい歩いたとこには、ヤクザの事務所があったからね。そこには若い衆が何十人もいて、隣には外国に輸出する人形を作ってたデッカい工場があったんだけど、その工場のトラックの出入りの仕切りとか、工場の人夫の入れ方とか、内職とかの権利を、全部そのヤクザが持ってたんだよね。だから、うちの近所にも「お宅、これやんなさい」っつって、ダンボール一杯でいくらだとか言って、そこが仕切ってたんだよ。ほいで、そこにスカウトされるのが、各小学校、中学校のワルなんだ。あいついいなって目ぇつけられると、必ずそのオヤジが連れ回ってメシ食わしてやったりして。中学三年なのに、ベロベロに酔っぱらってんの見たことあるもん。それで、みんな「ああ、あいつヤクザになった」って。

でも、なんかそれが当たり前の時代だったよね。あの時代なんて、あとあったのは野球ぐらいだもん。夢は、野球選手か、羽振りのいいヤクザ。白いスーツかなんか着ちゃって、こづかい十円ずつくれると「カッコいい！」とかって。そういうとこだったよねえ。

だから、変な話、全国のヤクザのおじさんが俺のこと、「たけし、たけし」ってすごくかわいがるのは、おなじ匂いがするからなんだって。こないだも、俺、ある偉い親分にほとんど拉致に近い状態で強制的に会わされたんだけど。「や、殺《や》られる！」と思ったら、「うちのお父さんが会いたいから、頼むよ」なんつって。しょうがないから個室でちぢこまって待ってたら、「やあ、たけし！　おめえ千住とかあっちの出身だろう」「はい」「そうだよな、俺よう、分かるもん。うちの若い衆もおめえんちの近所の奴多いんだ。おまえ、ヤクザの匂いするもんなあ」って。「だから、おまえのヤクザ映画観るとよく分かるよ。ああいうの、あるもん」なんて喜んじゃっててさ。それ、全国で言われるからね。大阪のヤクザにも「ヤクザの匂いするよなあ、兄ちゃん」とか言われて。困っちゃうんだよね。そういうとき、俺は、ああそうですかって言うぐらいしかないから。

だけど、ほんと特有の匂いってのはあるみたいだね。なんて言うんだろうなあ………俺、すごく礼儀正しいんだよ。ヤクザの人にはちゃんと失礼のないようにするし。そうすっと余計、ああこいつ、なんかあったらドンッていってしまうなあって感じするみたいだよ。ほいでまた講談社に殴りこんじゃったりなんかしてるから、人気出ちゃってるみたいなんだよ。

覚醒

あと、俺、学校ではね、わりかしスポーツ万能っていうかね、水泳でも走るんでも結構速かったのね。ただ俺、早生まれだから、中学なんかになると周りの奴に比べて身体小さいんだよね。すっと、変な走り方してる奴にも負けちゃったりすんだよ。けど、時折、そういうときに一瞬こうテンションが変わることあんだよ。「ああ、きたっ！」ってとき。一発覚醒剤打っちゃったみたいな。そういうとき異常に速いんだよね、俺。野球でも、アーッときて「俺すごいぞ！」と思ったら、カーンッて打っちゃうんだよ。

だから、中学のときに、すごくデカい奴が首絞めたり殴ったりして、ある奴をいじめてたことあったんだけど、「こんなデカい奴には勝てないな。まあいいや、我慢しちゃお」と思ったら、いきなりカーッときたの。気付いたときには、もうボコンッて殴ってて、そいつヒョロヒョロッてなったのね。したら、そのヨロヨロッてなった姿がさらに火ぃ点けちゃったから、あとはもう簡単。もう、オモチャを壊すように殴ったね。それが興奮してないんだ。どんどん冷静になってくるんだよ。「ああ、ここ殴ったらあれだし。こっからこう殴るのがいいぞ」って感じなの。夢中で殴ったのが偶然当たったんじゃなくて、ちゃんとそこを殴ろうとして冷静にひっぱたいてて。なんかそういうときあるね。

覚醒したっていうか……なんてんだろ……いきなり殴っちゃったときはカーッとなって殴ったんだけど、怯《ひる》んだ姿を見た瞬間に、もう頭んなかじゃ猫が鼠をイタズラするように殴ってたね。だから殴ってくんのもよく分かるし、当たったフリしてやろうかと思っちゃうときさえあるし。

でも、それは気持ちいいんじゃねえんだよね。あのー………（そのまんま）東なんかボコボコにしたときでも、まず作法っていうかね。殺してしまっちゃいけないのは当然だし、何回か叩かなきゃいけないなっていうのもあって。でも、そいつが傷つくのも困るしっていうようなとこもあるから、意外にちゃんと叩いてたよ。こういうふうに殴ったら、ここが当たって俺の手が骨折してしまうし、相手もひどい目に遭うから、ここだと左手よりは見た目がいいとか考えながら叩いてた。カッカしてるテンションの片っぽに、そういう冷静な自分も必ずいるんだよ。

それがねえ、俺、すごい成功したなと思うのはね、漫才師になったときだよ。漫才でその感覚を持ってるっていうのが、すごくいいなと思ったの。客がワッと笑った瞬間に「ああウケた、さあパンチの連打だ！」と思うんだけど、興奮してないっていうかね。興奮してるフリをして、醒めてるっていうか。冷静に客の急所にパンチを撃ちこんで、トドメ刺してやるって感じはおなじだね。だから、漫才なんかある程度、俺、客に対する暴力だと思ってんだね。言葉で的確にぶん殴ってるだけっていうかね。そういう感じ。だから、絶対興奮してはいけないんだよ。そういうのは分かるね。

乖離

自分がぶん殴られるときでも、イヤだとかっていう恐怖の前に、ポンッと自分が抜けちゃう癖ってのがあったからね。「ああ北野君殴られた」「あ、やられちゃってる」とかって。やられちゃってるのは自分なのに、もう一人の自分が殴られてるような感じはすごく昔っからあったね。このいじめられてるのも自分だけども、本当の自分じゃないとかね。

そういうのはなんだろうなあ………例えば、小学校のときの給食でも、当時は学校に食器が用意されてなくて、みんな自分たちで箸とお椀持ってってたんだよね。だけど俺んちはね、そういうの一切買ってくんないから恥ずかしいんだよ。みんな、アルマイトの食器なのに、一人だけ普通の御茶碗で食べててさ。したら、ある日、その茶碗割れちゃってさ。でも、割れちゃっても食わなきゃいけないから、割れたもんで取りに行くと、みんな笑ってるわけじゃない？　小学生なんて傷つきやすいから、そういうとき下向いてだんまり食べてんだけど「ああ北野君、茶碗が割れちゃってんのに」とかってポンッと自分から抜けちゃって。そういうのが積み重なって、癖になっちゃってるよね。

ああ、笑われてるけど、これは自分じゃないんだっていうのと、自分だっていうのとか、痛みに対してとかね、あらゆるとこでポッと抜ける癖があって。それは子供のときから培われたっていうかね。親父と一緒に汚い仕事やってんの、自分の好きな女の子に見られたときの恥ずかしさってあんじゃない？　それも、俺じゃないというのと、俺だってので分かれちゃって。抜けるっていうかね。手こうやって切っちゃったときに痛いと思うけど、ジーッと血が流れんの見ながら、俺の指じゃないというふうに思ってしまったり。それはもう大人になってもそうだもんね。だから、社会に曝されてる、ひどい目に遭った自分を感じながら、一方でこんなもん俺じゃねえんだっていうようなとこもすごくあって。それはもう死ぬまで続くかもわかんないよ。

バイク事故の記者会見でも、みんなはウワーッって、「なんでそんな顔を出すことを？」って言うけど、俺は「俺を見せてあげてんだよ、俺じゃねえよこんなもの」って思ってて。

そういう感じすごくあるからね。

神経

大学行ってからもね、なんかジャズ喫茶とかに行くようになると、そういうとこって結局は盛り場だから、ワルもいるわけじゃない？　嫌がらせしてきたりなんかしてさあ。そうすっとねえ、お客さんは友達だし、やるの自分しかいなくなっちゃうときっていうのはあったたね。「なんだコノヤロー」なんてなると、「ヤバイな、こいつに睨まれちゃったりなんかすんの。殴られるのもイヤだし殴んのもイヤなんだけどなあ」と思うけど、どうせ見た目弱いじゃない？　運動部やなんかと違うから。運動部でも、格闘技の運動部ってのはそりゃ強いけど、運動だけ普通にかじった人なんてね、ポコッてやったらほんとにノビちゃったりなんかするし。どうなんだろうなあ。俺、極限に行っちゃうと、そうなっちゃうのかなあ。ただ、子供んときから町中で、そうやって殴ったり蹴ったりしてるのを見てきたっていうのは、かなり強みだったよね。まずアガらないからね。喧嘩ふっかけられて「おいっ」って言われると、グーッてなっちゃう人いるじゃん。俺はグーッとなんないと、そいつがかわいそうだから、「あ、どうもすいませんでした」って言うと、「分かったか」って言われるんだけど、内心は「バカだな、こいつ、そのフリしてやったのに」っていうか。怒られてあげられるっていうのはあるけどね。

だから、喧嘩好きじゃないよ。でも、やっちゃうことになっちゃうからなあ……それが困っちゃうんだよね。でも、喧嘩って基本的には、圧倒的に勝つか負けるかどっちかじゃない？　いい勝負なんてあんまりないから。周りが止めてくれりゃあ別だけど。相手がノビるまでってなる前にもう、バカバカバカッつったら終わっちゃうもんね。バカバカバカッて終わっちゃって、早く人が止めてくんねえかなと思うのが喧嘩で。一対一で夜中になんてのは、相当神経いるよね。

俺、ずいぶん前になるんだけど、赤坂のマンションの前で空手の三段となんかやったことあって、あんときはひっさびさにシビれたねえ。だって夜中にエレベーターの前で二人きりだよ？　向こうが空手三段だって構えてきて、ヤバイなあと思ったけど、俺も構えてハッて来たからポーンッて殴ったら、ヒョロヒョロッてなったから、なんだこいつって。こりゃあ弱いやって思ったんだけど、怪我さすわけにいかない。どうやってこいつ押さえつけて外へ引っ張り出すかっていうのは、もうね、猛獣使いのような喧嘩してたよ。カッてよけて、ポコンて叩いて。あんまりボコンてやるとノビちゃうから、ペーンて叩いて。ペーンて叩いたら鼻血ぐらい出ちゃうじゃん。そいで血だらけになっちゃったのを掴んで、おまわりさんに渡したんだよね。したら、そのおまわりがおまわりでサミットかなんだかで来てるバカ野郎で迷子になっててさ、署に電話されちゃったんだよ。俺に殴られたって。まあ最終的には一応収まって、後で謝りに来たけど、有名なアル中らしいんだよね。だから、ほんとはやりたくないんだけどさ。やめようと思う前に逃げ場がないんだもん。向こうが入り口の真ん前に立っちゃって。そんで、やるかってなっちゃったんだよね。

ボクシング

ボクシングはねえ、あれはまあ遊びだよ。中学んとき、友達の番長がボクシングやってて、おまえもやれって言うからやったんだけどさ。そいつすぐやめちゃったくせに俺だけ残っちゃって、それでちょっとやってたけど。でも、体力ないから、そんな大したもんじゃないよ。ただ、なんつうんだろ、中学生とかにとってはね、要するに空手とかボクシングを習ってるってことだけでもね、もう十分な迫力でね。実際に喧嘩したら強いわけでもねえんだ、ほんとは。でも、あいつはボクシング習ってるってことだけで、喧嘩ふっかけんのやめようとかなんか言われてたんだよ、あの当時は。いいかげんなもんだよね。

実際やってたのは、半年ぐらいしかやってないんじゃない？　なんか近所にボクシングやってた奴がいて。そいつと二人できったねえグローブはめて練習してただけなんだけど。でも、結構面白かったよ。身体動かすのなんでも好きだったから。野球やったり。暇でしょうがないっていうかさ。とにかくなんでもやりたかったね。なかでも、ボクシングはやっぱりカッコいいじゃない……真似事でしかないけどさ。（片岡）鶴太郎なんかみんな俺がボクシング教えてやったんだもん。偉そうなこと言ってるけど、あいつ全然ボクシング知らなくて。昔の選手やなんか、みんな俺が教えてやったんだ。

だから、格闘技は今でもかなり好きだよね。だけど、最近のＫ－１だとか桜庭（和志）とかのああいうのは階級がないじゃない？　身体が絶対大きくなきゃっていう感じがあるから。俺らとは違う世界のスポーツだよね。けど、あれはやっぱり身体がデカいぶん、ほんとに強いんだろうなと思うよ。

漫才

さっき、漫才は暴力だなんて言ったけど、別に最初からそう思ってたわけじゃないよ。ただ、一つの空間に閉じこめた奴を逃がさずに全部笑わしてしまうっていう、それに対して後から考えた屁理屈が暴力だけどね。だけども、ほとんど、言葉を投げつけるっていう感じは暴力かなあって感じあるよね。客に対してももちろんそうだし、俺が司会者になっても、ゲストに対しては暴力的だし。一番聞かれたくないこと平気で言っちゃうし。なんかみんなそうだね。そういうのは、俺が作っちゃったのかなあって感じがあるね。

やっぱり偉い奴にはくってかかるっていうかね。客のほうが位置関係では金払ってるから偉いじゃない？　だから、くってかかるし、司会者やってて有名な歌手が出てくりゃ、俺よりランク上の奴だからワアワア言うけど、素人の情けない奴らと接したときは持ち上げてるようで落としちゃったり、いろんなことするよね。結構だから、位置関係は気にしてて、はなから下だって分かってる人に上からやるんじゃなくて、そういう人は一回上げといて落としてあげるっていうかね。だから一応は上へ上げなきゃいけないのね。上げといて落とさないと、ギャグにならないっていうのはあるから。はなから国会議員やなんか上にいる人は落とせるけど、変な人が出てくると、この人をどうやって上げといて落とすかって考えるよね。はなから下の人には暴力使えないわけだから。上に上がっちゃった瞬間にその人に暴力が使えるわけだから。そういう状態にしてやんないとダメだってのある。

けど、まあ、そういうのやりはじめたのは自然にだよねえ……別に最初から狙ってたとかいうわけでもないし……あえて言うなら、昔のうちの近所なんかの貧しい人たちというのは貧しい人たちに対して残酷だったからね。自分たちもおんなじだっていうんで、そういうストレートな暴力っていうのがあったんだよね。だから、もう放送禁止用語だらけだしね。身体の不自由な人はバカにするし。物乞いに来たホームレスに対して石ぶつけるしね、「向こう行け！」っつって平気で。でも、本当は自分たちもあげられるような状態じゃないっていうだけなんだよね。かといって、あげたくてもあげられないような状態の家に来るんじゃねえみたいな怒りかっていうと、そうでもないんだ。そのままストレートに向こう行けだよね。そんなヒネってないよね、あの当時の人たちは。だから、ある程度、文化とか経済が成り立ってきた後にしか、人に対する愛だなんだってのは出てこないよね。戦後のグチャグチャなときの人たちがさ、愛とかって言ったことあるかいって思うもん。そらもう、自分たちが食えねえのにさ、人にやってる余裕なんかあるわけないよね。

自虐

でも、逆に言えば、自分なんかどうだっていいやっていうかね、どうでもいいやって感じのときも多いよね。だって、結構テレビでは冒険してるもん。玉置（宏）さん、ハリセンで叩いちゃったりさあ。バカなことやってたなと思うよ。

だけど、文句言ってもまあいいやっていう状態にしてるような感じもあるからね。やっぱそのへんは保険うってるっていうか。空間の読みっていうかね。ギリギリなとこで、まあやってもいいだろうという雰囲気を読めるかどうかが、芸人に一番必要なセンスなんだよ。センスのない奴は、暴力的なこと言ったりタレント叩いてしまったり、その状況じゃないのに間違ってやってしまうんだけどさ、俺の真似して。みんなダメになるね。バカヤローって言われる。それは難しいよね、説明がね。まあでも、危ない橋を渡ってるんだけど……落ちたら落ちたで、そんなにひどかないぞって感じだよね。落ちたら落ちたで、どうにかしてくれそうだなあってさ。

映画

まあ、俺の映画、よく暴力的とか言われるけどさあ、別にそれは、単純に子供んときから映画なんて拳銃持って撃ち合いすんのが一番面白えと思ってたからじゃないかな。それで、現実に拳銃なんて撃つの、ヤクザか刑事しかいねえじゃねえかっていうとこで、わりかし刑事の映画撮っちゃったり、ヤクザの映画撮っちゃっただけで。大した理由はないよねぇ。「そういう状況における人間の……」なんていろんな理屈言ったって、やっぱり戦争映画面白えじゃねえかっていうのがまずあってね。なんかその、映画と絵というものはおなじもんだと思ってんだけど、あんまり絵に関しちゃ、「どういう理由でこの絵を描いたんですか」って聞いてからその絵を見ないでしょ。ただ絵を見て、後でみんなで理屈を一生懸命つけて、あんな状況だからこんな絵を描いたんでしょうかって、ただ評論家が話をするだけであって。画家はこういうの描きてえから描いただけなのにね。映画もそうだよ。「こんな映画撮りたかった」だけであって。それをいろんな人に言うときに、しょうがないからいろんな理屈をつけて言ってるだけで、本質的にはそうじゃないんじゃないかと思うよ。ただ、こういうの撮りたかっただけっていう感じじゃない？　ほんとはね。

だから映画のなかでも、俺、自分が「イヤだな、これ」っていう暴力は、絶対に主人公にはやらせないんだよね。例えば、『HANA-BI』で目ぇ突くっていうのは、ギリギリあすこまではいいと思ってんのね。だけど、『BROTHER』で鼻に割り箸突っこんでガンとやるのは、俺以外の奴にやらせたの。しかも、あれはいきなりじゃなくて、完全に捕まえた奴をゆっくりいたぶるところだから。なんか、そのへんの正義感ってのはあってね。おなじ暴力でも、誰にどんな暴力を使わせるかってのは、やっぱりこっちの正義感が出るよね。主人公がみんなやればいいっていうわけにもいかないし。それは、すごく気にしてるよね。

講談社

『フライデー』事件のときは、もしかしたら他にもいろんな方法があったのかもしれないけど、要するに揉めた材料ってのがしょせんさ、タレントとその女のスキャンダルじゃない？　それで彼女が殴られたってだけで。それをなんていうの？　写真文化だとか報道の文化なんてのに持ってってって喧嘩したってしょうがないんだよ。俺にとっては、あれは単なる下世話な話で、俺の付き合ってる女が殴られた、「誰が殴った？」「あいつだ」「じゃあ殴るか」ってだけの話だよね。それを違うとこに持っていきたくないっていう。ところが、なんか裁判にまでなっちゃったりなんかして、変だなあと思ったんだけどさあ。あれは元々殴って、喧嘩終わったら酒でも飲んで終わりのはずなんだよね。だけど、それにスポーツ選手やなんかが絡んでたから、あんな大袈裟な事件になっただけで。確かにみんなぶん殴っちゃったけど、死人が出たわけでもないし。その程度の話だと思うんだよね、ほんとは。

でもね、ああやって実際に行っちゃったのは、まあ、殴るしかないと思ったのと、あと……………酒飲んでたってのあるよ。酒飲んでたってのがやっぱりダメなんだよなあ。その後のバイク事故んときも酒飲んでたんだよなあ。俺、「酒飲んで、ねえちゃんちバイクで行って、なにが悪い」って言っちゃったんだよなあ……すごいストレートに。

やっぱりお笑いなんだろうと思うよねえ。お笑いってそういうとこあんじゃない？　いろんな理由付けをしたり、文化的な裏付けをしたやつを、一つの言葉で終わらしてしまうっていう。栗本慎一郎が「やっぱり今の文化はなんとかなんとかで、談合したり、みんな分かりきってることを嘘ついて、隠しちゃいけませんよ」って言ってる先で、「おまえだってカツラじゃねえか」って言ってしまうっていう。「隠すんじゃねえって、おまえの頭から始めたほうがいいんじゃねえの？」って。そういうことだよね。

なんかだから、変なとこあって。『フライデー』のときと、学校辞めて浅草のストリップ劇場のエレベーター・ボーイやるときと、なんか似てるんだよね。自分のやりたいことはなんなのかとか、そんなもんじゃないんだよね。「辞めた、こんなとこやってらんねえ。学校じゃない」っつって、「なにやろうかな……浅草行っちゃおう！」ってタッて行ったから。そのあいだに変な理屈なんかないんだよ。漫才師やっちゃおうってのも、なんにも考えてなくて。ただ勘だけで。やりたいなんて思ってないしね。それをやったらうまくいくなあってもんでもなくて。なんか変わらなきゃしょうがねえのかなあっていうだけだよね。だから先を計算してないもん、俺。

ほいで、そういうのって、俺個人のことは別として、一般の人たちにとっては、どっかに快感みたいなのがあるじゃない？　例えば、何人も殺した奴が無期懲役なんてなったときに、みんなほんとは思ってんだよね、「死刑にしてしまえ」って。だけど、なかなか言えないからさ、その言葉を待ってるっていうか。昔はそういうときに、長嶋（茂雄）さんが打ってくれたり、力道山がひっぱたいてくれたんだけどね。今はそういうのないから。

だから、そういう快感にはみんな暴力的なものが内在してんだよ。だけど、いつの間にか時代が進んだときに、そういう直接的な暴力に訴える方法が抑えつけられて、潜伏してしまっていて。みんな、そういうものを求めてるところはあったのかもしれないよね。

だけど、やっちゃった当時は、そんなこと全然思ってないよ。すげえマズイなあと思った。マズイけど、まあしょうがねえな、どうしようかなっつって。いろいろ考えたよね。でも、なんか蓋開けてみたら、意外にみんな好意的だったのにはビックリしたね。まあほんとは「俺個人の問題だ、おまえらそれにノるんじゃねえ」っていうかさ。やったの俺じゃねえかって。また俺の喜びにタカりやがったって。力道山が叩いてんのに、自分が叩いてるかのようにノってるのとおなじだよってさ。「たけしと一緒に行って殴りこみたかった」って、そういうこと言う奴がいるけど、「じゃあおまえ、力道山と一緒にブラッシー殴んのか？　やんねえじゃねえか。なんで俺なら大丈夫なんだよ」ってね。

現場

あのときの現場はね、すごい笑い話があって。俺、覚えてねえんだけど、どうもイヤだって言うのに東を連れてったらしんだよ。「東、てめえ、行かねえと、ただじゃおかねえぞ！」って。「イヤだイヤだ」「いいから来い！」っつって。「編集部、何階だ」「五階」って言うから、「おい、乗れ」「イヤだイヤだ」「早く乗れ！」って、東が一番最後に乗って、エレベーター開いたら一番前だったたっていう。ほいで、おいらに押し出されて、東が「なんだコノヤロー！」っつったから、まず俺が東を殴ったって話になっちゃってんだけど。

でも、俺、あのとき一番思ったのは、またこれも「たけし、殴りこみ」なんて記事になって、向こうと相談して、坊主になってスキャンダルの一つとして『フライデー』に売られる可能性あるぞってことだったんだよ。そいでなんか、下手すっと和気藹々で帰ってきて、変な提灯記事書かれて終わりかなあって。それもまあ、しょうがねえかなって思ってたの。ところがどう考えても向こうがなんか挑戦的だったからね。バッと出てったら「なんだコノヤロー」なんて調子で始まったから。それで「あ、もうこれ違うなあ」って。

あと、今考えりゃあ、横に立ってたの刑事じゃなかったかなって。やらしといて逮捕ってことじゃなかったのかなあ。俺、ちゃんと行くって電話してるしね。「今から行くぞ、ほんとに殴りこむぞ」って言ったら、「はい、どうぞ」って言ってて。よく考えたら、今から行くぞって殴りこんで、どうぞって言ったときに刑事がいないわけねえなと思うよね。

さすがにもう一回、いい歳して殴る蹴るはねえだろうと思うねえ。ただ、なんつうんだろ、バスジャックとかさ、ああいうとこに居合わしたとき、俺はあのまま黙って座ってるかなあって気がすごいするね。俺だけでも摑みかかるんじゃないかって、イヤァな気がすんの。あんまりそんなこと言ってて、そういう状況に追いこまれちゃったら大変だけどね。だけど、犯人が包丁持ってて構えたときに、俺だったら摑みかかるって感じあるなあ。その現場にいたら分かんないけどね。でも、なんでこんなもんに脅かされなきゃいけないんだって感じがあって。まあ飛行機んなかで犯人が拳銃持ってたら、なんかあって飛行機が落っこってしまうと悪いから黙って座ってるかもわかんないけど。なんかそういう状況で、動くか動かないかってのは、わりかし俺、動くほうだからね。ポンとやってしまうから。

昔の話だけど、電車の東武線かなんか乗ってて、なんか変なヤクザっぽいオヤジが若い奴をずーっといじめてるんだよ、電車んなかで。恐喝してんの間違いないんだよね。で、俺も酒入ってたんだけども、隣でやってるからイライライラして。「オヤジ、やめろよ」って言ったら、「なんだテメエ！」っつった瞬間に殴っちゃったもんね。電車から引きずり出して蹴飛ばしてたらさ、それが最終電車でさ。二人とも帰るとこなくなっちゃって。そいで、俺はとぼとぼ歩いて帰ったんだよな。

事故

バイク事故もダメだったよなあ…………ほーんとに。ああいうの意外に平気でやっちゃうんだよね。ポーズだけじゃ済まないんだよなあ。あれは、おねえちゃんのとこ行こうとして事故が起こったんだけど、常に酒と女なんだよなあ。酒と女さえなかったら、俺、今頃、きわめて真っ当な人間になってたかもしれないよ。

親にもよく言われたもんね、「おまえはすぐ壊しにかかる」って。「おまえは人様が来て、『お宅の息子さん、ほんとにおとなしくていい子ですねえ』『いや、そんなことないんですよ』って言ってると、裏でわざと、そのおばさんから見えるとこでくだらないことやってる」って。どうしてもやってしまうっていう。それが照れ屋だよって言うんだけどね。人に祭り上げられた位置に絶対安住できないっていうか、イヤになってしまうっていうのがあって。そういうのはすごくあるよね。

だから、なんてんだろ、今考えても、とても自分でやったと思えないんだよ。なんであんとき、あんなになっちゃってんのかなあっていうか。今考えるとなんでそんなことしたのかなあってのばっかりだよね。だから、ある時期から今までの、自分の生きてきたことみたいなのを振り返っていくと、これは俺がやってきたことじゃないって感じがあってしょうがないの。誰かに操られてたんじゃねえかっていう感じがすごくあるよね。すごく妙な、宗教的な感じになっちゃって、俺が俺であるのは俺のせいじゃないっていうような。なんか神だかなんだか、そいつが俺をこうやらしたんだっていうかね。だから最近計画練らないことにしてるもん。どうせ自分の思ったとおりできないから。なんかやらされるなあっていうね。

酔ってたって言っても、いくら飲んでも強いんだけどね。それにバイクって、俺、酔ったときじゃないと運転したことあんまりねえんだよ。自殺行為だよねえ。ボーヤに「バイク買ってこい」って言って、「買ってきたか」って、すぐに乗ろうとしたんだからね。それで行っちゃったんだから。「これか、買ってきたの。これどうすんだ?」ってもう聞かないんだから。ブレーキもなんにも知らないまま、ウーッて行っちゃったんだよ。

幻想

でも、事務所の社長の森さんに言わせりゃ、俺、あの頃、テンションすごくおかしかったらしいけどね。『みんな〜やってるか！』を撮りだしたときに言ってたんだけど、狂ってる狂ってるって。そうかなあと思ってたけど自分じゃ分かんなかった。妙なテンションしてたらしいんだよね。

ほんとあのときは死んじゃってもおかしくないし。俺、たまにあのとき死んだんじゃねえかって思うときあんだよ、酒飲むと。今の現実は、勝手に自分の意思がこんな夢を見てるだけで。下手すっと、この、自分が現実だと思ってる世界は、俺がベッドの上で、植物人間のまま考えてることではないかって思うときあるの。朝起きるとき、パッと起きて、もしも病室だったらどうしよう、あの事故以来ずっとこんなことを夢見てたんだなと思った瞬間に、ゾッとするじゃない？　だからちょっとイヤなときあるよね。結構、本気で気持ち悪いときある。現実か、夢のなかの出来事かっていうのは、たまに悩むよね。それはどんなときというんじゃなくて、ふとね。ふと、ねえちゃんとメシ食ってるときに「なんで俺こいつとメシ食ってんだ？」って。そうすると、「たけしさん、なにポカンとしてるの？」「いやいや」って。そういうのよくあるよ。

自殺

もしも、あの事故を完全に意識があった状態でやったんだとしたら、自殺なんだろうけど、俺、そんな意識もないんだよね。ただ普通にそんなことしてるんだよね。自分のなかでは、バイク買ってこいっていうのはごく自然なことだったんだよ。周りから見りゃ確かにおかしいんだけどさ、俺自身は実に当たり前のことのようにボーヤに金渡して買ってこさして、酒飲んでて、乗るぞーっつってんだよね。だから、自分自身の頭自体が狂ってたのかなあって。

ほんとは、やっぱり暴力に対しての異常な嫌悪感ってのあるんじゃない？　俺、物心ついて親っていうのを意識したのは、親父が怒鳴っておふくろのこと殴ってる音と、おふくろが泣いて怒ってる声と、それを止めてるばあさんの声だもん。子供のときの俺んちの家ってのはさ、そういう印象だもん。ファミリーなんていうと、なんか仲よく談笑してる親子が出てきて楽しそうに笑ってるんだけど、俺んちなんか、おふくろが泣いてる声と親父が殴ってる音しか聞こえなかったからね。そういうのに関してはもう、なーんかね、俺、弱みなのかもわかんない。ほいで母親の異常な愛情とか、下町の家の環境とか、そいからなぜか母親が教育ママとかね、相反するものが同時進行できてるから。家の近所じゃ「勉強なんか絶対すんな、くっだらねえ」って言ってる人たちがいるなかで、「勉強しなさい」って言われ続けて。でも、近所の親子が仲よくして、お祭りなんか行っちゃって、子供に浴衣着せちゃって「母ちゃん」とかってやってるわけじゃない？　でも、うちは殴り合いやってるわけで。なんかね、俺んちグチョグチョになってたんだよなあ。それで相当歪んだんじゃないかなあって思うときあるから。

だから、俺の場合、そういう記憶んなかで一番強く残ってるのが、暴力と笑いなんだと思うなあ。お笑いと暴力って定番のようにセットなんだよね。お笑いの戦争映画あるしね。結局、死とか暴力と同時進行で、そこには必ずお笑いが入る隙間がいっくらでもあって。見方変えりゃこれほどおかしい話はないっていうかね。そういうとこあるよね。

記者会見

事故の後、記者会見やったのは、これでも食らえっていうか。でも、結構自分のなかじゃあ、いい顔になったなあと思ったんだけどね。これなら大丈夫だろって。でも、俺、あのとき、いまだに悔やまれるんだよなあ。あんとき俺は車椅子で現れなきゃいけなかったんだよなあ。そいで終わった後、走って帰っていくってのがやりたかったんだよ。後で考えると、また大きな失敗したと思って。今、あの記者会見に対して唯一反省してるのはそれだけだね。担架みたいので運ばれてきてインタヴュー終わった後、急に立ち上がって走って帰るっていうの、やりたかったんだけどなあ。俺にしかできない芸だったのに、どうして、それハズしたんだろうなあ。よく清原（和博）に「おまえ、一回でもいいからホームラン打ってサードから回ったら歴史に残るぞ」って言ってんのに、自分のとき間違えてんだよな。

今度、なんかデカいイベントあったら、やったろうと思うんだよな。アカデミー賞だとかよ。そういうのもしあったらさ、ふんどしで現れるとかさ、なんかやりてえな。スーツ着てるんだけど後ろはケツが見えてるとか。別に、顰蹙《ひんしゅく》をかって怒られんの俺だけだからね。バカとか言われて。絶対どこかで壊しにかかんないとしょうがないんだよ。

でも、あの記者会見のときは、事故の前とやっぱりまたテンションが違っててね。どっかに、ダメになった俺をおまえらは見たいんだろうっていうのあったよね。ダメになった、グシャグシャになった俺、見てえんなら見してやろうかっていう。そういう「はい、ざまぁ見やがれ」ってのあったよ。そいで復帰するかどうかっていうのはね、あんまり考えてなかった。ただ、どうやってこの後生きてくかなあって思ったね。身体悪いしさ、目は見えねえし、どうしようかと思って。でも、きっとどうせみんな見たがるからねえ。じゃあ見してやろうかっていうだけだったんじゃないかな。あとはやっぱりリハビリでどっか行ったって隠しカメラで撮られて、「たけし、こんな姿でリハビリ」なんて言われるわけだから。そんなこと言われるより、はなから見せちゃったほうがいいじゃない？　それだけだよね。

無計画

　でも、もう俺、絶対喧嘩しないと思うよ。絶対しないっていうか、喧嘩になりそうなとこには行かないっていうのあるね。もう動く範囲狭いもん。メシ食いに行く店はほとんど決まってるし。そこローテーションで動いてるだけだし。付き合う人もほとんど決まってるし。揉めるような人と付き合ってねえし。もうほとんど、ねえちゃんがいるとこなんて行かないしね。全然行かない。しょうがないから付き合いで行くことはあっても、二ヵ月とか、三ヵ月に一遍がいいとこじゃねえかなあ。あんまないねえ。

逆に言えば、機会があれば危ないよ。だから、そういう状態のところにゃ行かない。ほんとにやりかねないもんなあ。ヒロポン中毒みたいなもんでね。ヒロポン目の前に出されりゃ打っちゃうってのあるよ。やめよう!と思ってもやっちゃうっていう。

だけど、そういうのやっちゃうっていうことは、下手すりゃ片っぽで自分なりに身を守ろうとしてるってことだと思うじゃない?　じゃあ見せてやろうかって。結局それは、まだ俺が復帰しようと思ってるってことじゃない?　そう考えると、今揉めるほど自分を守ろうとすることってあんまりないからね。別になんにもないもんなあ。

けど、バカは死ななきゃ治んないっていうの、よく当たってると思うな。俺もくたばんねえとダメなのかなってね。ろくなもんじゃねえなと思うよ。だって映画なんかでも、激しい感情が押し寄せて人殺すとかなんとかっていう場面なんか、あれ、意識して無表情にしてるもん。一切、感情を出さずに、その感情に負けない顔になろうっていう感じある。それは、かなり怖く見えるかもしれないよね。

まあ、でもそれを正そうとも思ってないからね。このまま生きてきたんだから、このまま死んでいくんだろうとしか思えないなあ。ただその、まあ一番自分に対して暴力的なのは、一切先のことを考えないっていうことだと思うし。楽になろうとも全然考えないし。よく人それぞれ、人生設計みたいのあんじゃない？　将来はあのへんに住んで別荘持って、のんびり家族と、とか。俺、ああいうのさらさら思ったことない。今のまんまでも構わないし、ダメになっても構わないし。今より楽になろうなんて意識は全然ないよ。ただ、このまま淡々と生きていくだけだよね。

北野武、野球を語る

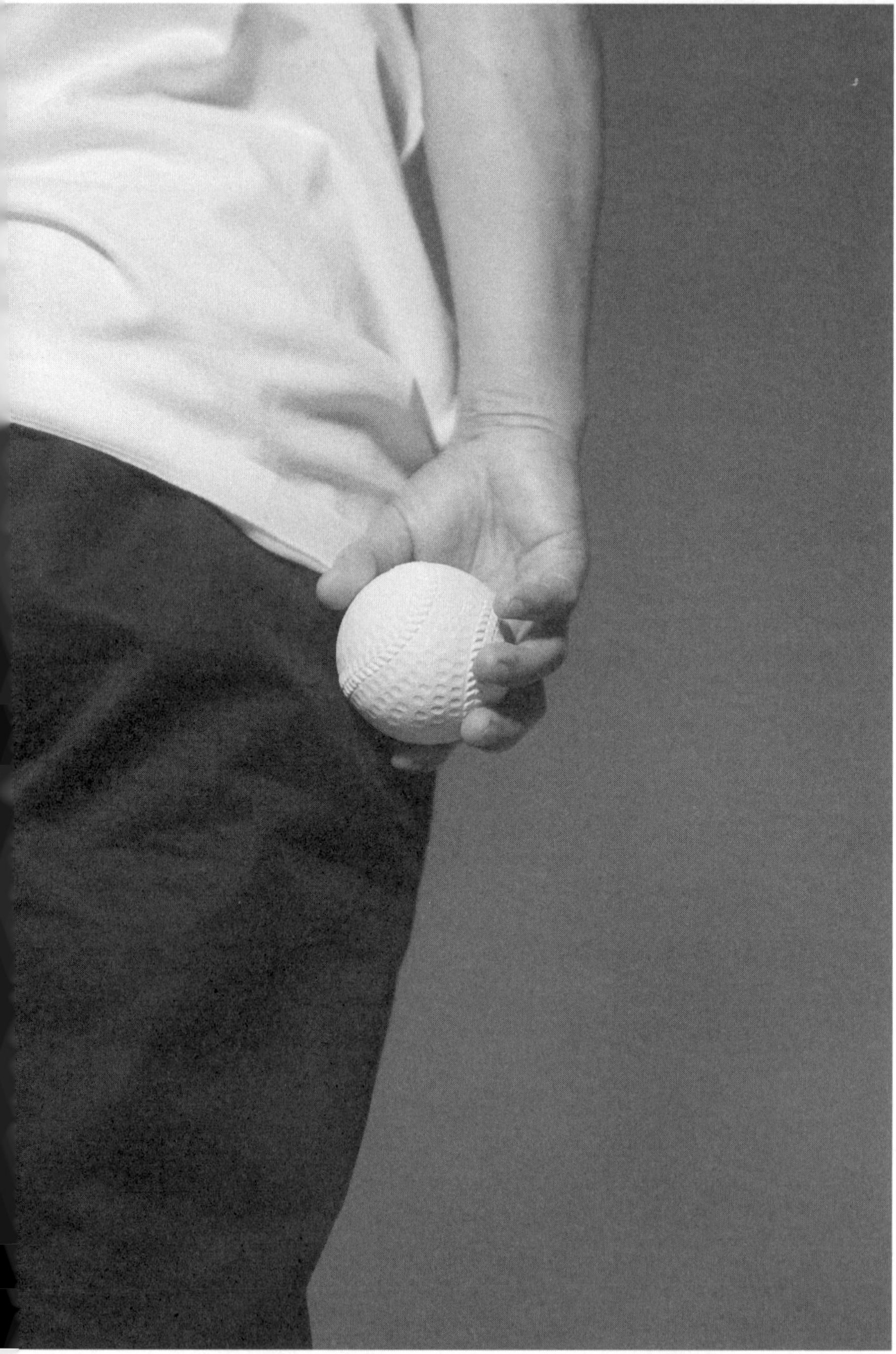

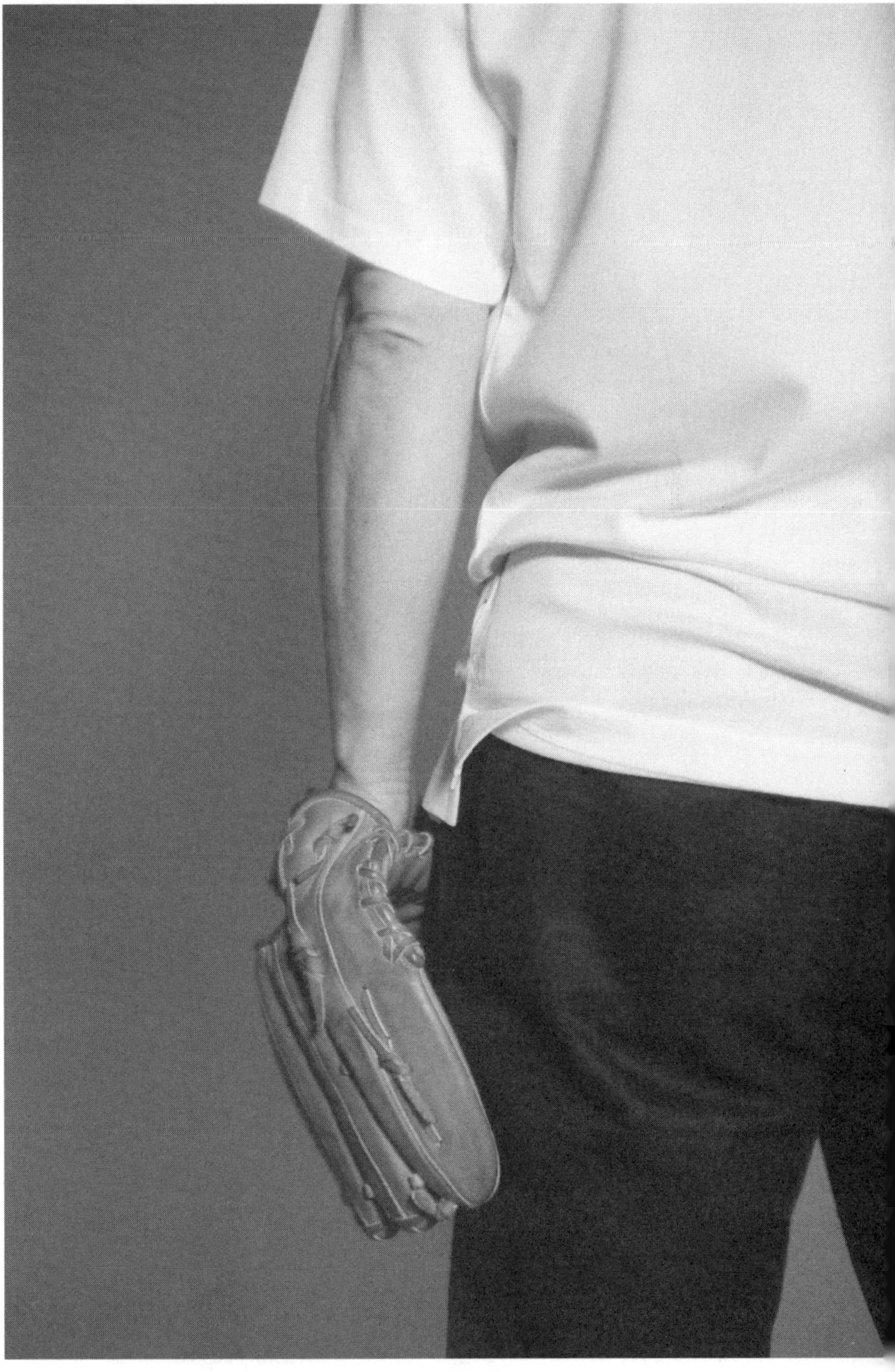

少年

結局おいらの頃は、遊びって言っても、ベーゴマとビー玉とメンコと、あとは野球と相撲しかないんだよね。ほいで、学校はビー玉とかメンコとか持っていくと怒られるじゃない？　すっと、学校の休憩時間にすることなんて、相撲とってるか、野球やってるかしかなかったからね。それも野球なんて言えたもんじゃなくてさ。なんだろうあれ、軟式テニスの球みたいなさ、すごく軟らかいブヨブヨの球を棒きれで打ってたってだけだね。ちゃんとした軟式野球の球で野球をやるようになったのなんて、ずっと後のことだと思うもん。小学校四〜五年ぐらいからじゃないかな。だって、軟式野球の球のことを硬い球って言ってたんだから。ましてや、プロ野球で使うような硬式野球の球なんて見たこともなかった。

野球は観るのも好きだったね。だけど、当時は観るっていうかね、ラジオしかないんだよ。ラジオ中継。今考えりゃあねえ、なんで野球をラジオで聴いてんだかよく分かんねえけどね。でも、ニッポン放送の有名なアナウンサーで、深沢弘さんっていう人がいたんだけど、その人の実況中継、面白いんだよ。カーンッて誰かがホームラン打って、「レフトバック、レフトバック！」って言ってんだけどさ、とっくに入ってんだよね。で、俺、一回ゲストで出たことあるんだけど、そんときに「入る入る、よしっ、壁に張りついた！」とか言ってる横で、「いや、入ってますよ」って言ったら、その声しっかり入っちゃってね。コマーシャルのあいだに「たけしさん、お願いしますよ。ラジオなんだからもたせなきゃ」「そんな長いこと飛んでる球あるかい」「いや、ラジオは興奮させなきゃいけないんです。打った、入ったじゃダメなんですよ」って。それおっかしくてさ。もう昔はラジオなんて嘘ばっかりだよ。「ピッチャー、荒く肩で息して」って、全然肩で息なんかしてないしさ。もう次の球、投げはじめちゃってんのに、「ストラーイク！」って言ったりさ。嘘ばっかりついてんだよ。

だから、昔、一回ねえ、イタズラで、テレビの音を消して映像だけ観ながら、ラジオを聴いたことあったんだけど、みんなでゲラゲラ笑ったもん。嘘つけって。間がもたないからいろんな解説してるんだけど、実際は全然なんにもやってねえんだよね。

でも、ほんと野球は大好きだったね。あの頃はもう、荒川土手かなんかでやってる野球観んのさえ楽しかったもん。とにかく野球やりたくてしょうがなかったから。

懸賞

俺が子供の頃は、ちょうどジャイアンツの川上哲治さんが全盛の頃だね。ジャイアンツは、川上さんとか、与那嶺（要）さんとか、広岡（達朗）さんがいて。キャッチャーが藤尾（茂）さんだったね。それで、その少し後に、長嶋さんが大学からジャイアンツに入るんだけど、大学のときに長嶋さんってホームラン記録を作ったじゃない？　だから、同じチームだった杉浦（忠）さん、長嶋さん、本屋敷（錦吾）さんってのは、大学時代から有名で。あとは、西鉄だよね。必ずジャイアンツの日本シリーズの相手でさあ。三原（脩）監督のときだよね。稲尾（和久）さんとか中西（太）さんとかね。

選手の名前は、うん、すごく覚えてるなあ。なんか、あの頃、紅梅キャラメルっていうのがあってね。紅梅キャラメルを買うと、巨人の野球選手のカードが入ってるわけ。それで、一チーム作ると、グローブとかバットがもらえるっていうんだけど、いつも水原（茂）監督がなかったんだよ。川上さんとか、長嶋さんだらけなんだ。いっくら買っても、水原監督がいねえんだよ。ほんで、頭きて、一回駄菓子屋に盗みに入ったことあんだよね。まとまったケースを三個ぐらい盗んでさ。全部開けたら、水原監督、一枚しか入ってなくて。「水原、汚えぞ！」とか言って。

そいで送ったらねえ、なんかね、情けない、雑巾みたいなグローブ送ってきたよ。でも、嬉しかったんだよなあ。グローブだっつって。当時は、革のスパイクなんて、もう全然ない時代で。布の運動靴の裏に金物が貼ってあるみたいなやつだったから。だから、そのグローブも、革じゃない、なんか変なやつだったけど、嬉しかったよね。

夢

あと、それとは別に、一度小学校二年生のときに兄貴と質屋にグローブ買いに行ったことあんだけど、なんてんだろ、あの頃は、そういうの買うってなったら、質屋しかなかったんだよね。新品なんて高くて買えないしさ。まあ、質屋のやつでもそんなに古いわけじゃないんだろうけど、なんか粗悪品だったね。今のバッタもんみたいな感じじゃないかな。だけど、欲しかったよね。まずグローブじゃないかな。グローブとバット。その後にユニフォームがあって、あとスパイクになんのかな。まあ、まともに揃ったことなんか一回もないんだけどさ。どれもすごく欲しかったよね。やっぱり野球好きだったから。

とにかくね、運動が好きな子供だったんだよ。それに、なんかわりかし近所じゃ、野球うまいってので有名だったから。すばしっこかったね。悪いことばっかしやってた。だから、プロ野球選手になるってのは夢だったもん。その当時は、もう川上さんがだいたいみんなの憧れだから。だから、川上さんみたいにファースト守るっていうのがステイタスになってて。そいで、今度、長嶋さんが入ってきてからは、サードを守るってことがステイタスになって。不思議だけど、ピッチャーはあんまり興味なかったね。みんな、ファーストだ、サードだって言ってたよ。

仲間も異常に野球好きな奴ばっかりだったしね。野球って、普通、九人対九人でやるもんじゃない？　だけど、そんなの全然関係なかったからね。三角ベースで、四人対四人とかでも喜んでやってたし。グランドなんかどこでもよかったしね。だから、よく原っぱで野球やってたんだけど、その原っぱの横に必ずお百姓さんがキャベツなんか作ってんだよ。で、やってっと、球がそっちに飛んでっちゃうわけ。すっと、そこのお百姓さんが怒るんだよね。初めは球投げて返してくれたんだけど、そのうち球が足もとに落ちたら、そこに肥やしかけたりしやがって。「あのジジイ、うんこかけやがった！」って、怒ったりしてさあ。そんなこともあったよね。

好手

俺、だから、知らない町のチームに入っちゃったことだってあるもん。「あの子は野球がうまい」なんつって、小学生のときに、いい大人がやってるようなチームに入ってやってたことあるんだ。そんときは俺、身体小さいからセカンドとかやってたね。ほんとはファーストがやりたかったんだけど、しょうがねえって。でも、とにかく喜んでやってたね。まあ、おんなじ学年でも俺なんかよりもっとすごい奴もいたけどね。それはもう、なんてんだろ、高校野球で甲子園行って、プロにスカウトされるような奴だから。でもまあ、俺もうまいほうではあったよ。好きだからいつの間にかうまくなってるってのあるよね。野球だけはうまかったんだよなあ。

うちの兄ちゃんはねえ、下手だった。運動神経悪いから。野球でも、近所の野球を観てただけだもん。ほいで、俺がうまいの知ってたから、グローブとか一緒に買いに行ってくれたんだよね。親も、俺のことすごくかわいがってくれた人だけど、勉強以外のものを買ってあげるのは絶対イヤだったからさ。だけど、兄貴は俺が仲間と遊んでてグローブ買いたいってての、よく知ってるわけで。それで、いろいろ気遣ってくれたんだろうね。

小学校三年のときに初めてユニフォーム着たんだけどね。背番号は「9」だった。ジャイアンツだとキャッチャーの藤尾さんなんだけどさ、なんか隙間狙ってたのかもわかんないね。川上さんの「16」つけたいって奴はいっぱいいるから、俺は「9」がいいとこだろうっていうかね。これなら競争にならないでいいとかっていうのあったのかもしれないよ。俺、今でもそうだもん。銀座のクラブで、こいつならヤれんだろうってのがいるじゃん。その店ナンバーワンとか、キレイな娘じゃなくて、見るとこ見たらややカワイイかなっていう。俺、そういうのいっちゃうから。はなから勝負しないっていうね。

でも、ユニフォームって言ってもねえ、もうなんだろう、綿でできた、野球創成期に出てくるようなブカブカのやつだった。背番号もなくて、どうやって作んだかもよく分かんなかったから、型作って黒いきれを切って、接着剤で貼ったりしてさ。だけど、買ってもらったときは嬉しかったよ。なんだかよく分かんなかったけど、嬉しかったね。

しかし、おふくろもよく買ってくれたよね。多分あまりに野球が好きだったからじゃないかなあ。そこは諦めてたような気がするね、それぐらい買ってやろうかって。ほんとに野球好きだったからね。なーんか野球ばっかしやってたもん。相手がいなくても壁にぶつけて球捕ったり、あとバット持っちゃあ、動いてるトンボひっぱたいたり。そんなことばっかしてたよね。

あと、やっぱり当時はスポーツって言っても野球しかないんだよね。相撲もあったけど、あれはほら身体のデカいのに負けちゃうし。一人だけ、近所に二十四～二十五歳の人で高校んときサッカーやってたなんて人もいたけど、俺、その人がリフティングとかやってるの見て、頭おかしい人だと思ったぐらいだからね。曲芸かなんかだろうって。当時はサッカーもラグビーも聞いたことなかったもん。

だから、野球ばっかしやってたよね。プロ野球選手なりたいなあなんてことも思ってたし。ただ、なりたいなあと思ってたけど、うすうすは絶対なれないと思ってたよね。将来の夢は野球選手なんて一応は言ったけど、頭の半分じゃあ絶対に俺はなれないと思ってたね。そんな才能ないなって。

部活

そいで、中学生になって野球部入ったんだけど、そこはね、顧問の先生がバカで。要するに、運動神経ないのに、なぜか野球部の監督になっちゃったみたいな人いんじゃない？

文科系の人がなぜか野球部の顧問になっちゃったような。そういう人だったらしくてさ。練習やる前から「北野は小っちゃいからセカンド」とか言われて。俺より下手なのがサードとかいろいろ守ってんのに、レギュラーなれないからさ、バカバカしくて。そんでもう面白くねえなと思っちゃったんだよ。

でも、ピッチャーは元ロッテの成田文男さんっていう、プロに行った奴だったんだ。修徳高校で初めて甲子園行ったメンバーの一人だけど、あいつで東京都大会優勝したようなもんなんじゃないかな。だって、もう中学生の頃からケタが違ったからね。「へ？　こいつがおない歳？」っていうような感じだもん。身体も全然違うし。だから、あいつが四番でピッチャーで、大抵一対〇ぐらいで、そいつが打って勝つっていうパターンだったよね。

俺は、なんかレギュラーもあやしくて、試合になると出られなかったりしたから、やる気なくなっちゃって。でも、そんときに片っぽで少年野球があったんだよ。島根イーグルスっていう。そっちも中学三年までなのね。だから、そっちのほうばっかりやってた。学校の野球部より、近所の少年野球のほうが面白かったんだよね。島根のほうがサード守れるし。三番四番打てるし。だから、途中で中学の野球部のほうには行かなくなっちゃったんだ。

だって、うちの足立四中なんてのは一学年千人だからね。一年生んときに野球部入りたい奴は練習来いとかいって集められたら、二百人ぐらいいるんだもん。そのうち入ったのは五十人ぐらいなんだけどさ。そうなるともう、一年生をどうやって落とすかっていうだけの話だから。キャッチボールもできねえし、ただ立ってるだけでつまんなかったよね。すごく優秀な奴はすぐ練習やらせてもらえるんだけどさ。もう高校の野球とおんなじだよ。なーんにも面白くない。

それとやっぱ中学になると途端に身体が変わるじゃない？　俺、早生まれでしょ。一学年下みたいなもんだからさ。中学の頃なんて、あっという間に身長で差が出てきちゃうわけ。だから、もうしょうがねえやってんで、中学校の野球部のほうは行くの、やめちゃったんだよね。

挫折

でも、それは結構ショックだったよね。練習もなんにもしないときから守備位置決められたりさ。その頃の野球ってすごいマヌケで、キャッチャーはデブでデカい奴とかさ、そういうマンガみたいな、安直な感じだったんだよ。だから、まいったなあって思った。俺、野球ダメだと思って。まだ学校の野球ダメでも少年野球があったからよかったけどさ。でも、島根町っていうのがまた、貧乏で弱かったからね。まともな道具がないっていう。だけど、逆に言えば、俺の場合「野球なんてやりやがってバカ！」って言われてたからね。おふくろがいつも勉強してサラリーマンになれって洗脳してたから。だから、そんなに挫折感はなかったよ。おふくろとか親父に「野球でおまえはプロになれ」みたいなこと言われてたら、本当に精神的にきたかもしんないけど、野球やめて親は喜んでるわけでしょ？　だから、あんまり関係なかったよね。

島根イーグルスのほうでは、もう下手すりゃあ自分が中心でやってた。他の奴らも、みんな中学ぐらいでクラブってのがイヤんなるわけ。先輩とかそういうのが悪いから、いじめられちゃったりなんかしてさ。すっと、いじめられるぐらいなら自分の町内の野球チームで遊んだほうがいいってのが多いから、結構うまい奴もそれなりにいたんだよね。

体育会系

やっぱり中学校の野球部とかって、ひどいんだよ。なぜイチローができたかっていう話をこないだ聞いたんだけどさ、イチローって名古屋電気高校（現・愛工大名電）出身でしょ？　ほいで、今ジャイアンツにいる工藤（公康）っていうのもおなじとこ出身らしいんだけど、工藤のときにとにかくクラブの先輩のいじめとか全部なくせっつって、それでイチローが入ってきたらしいんだよ。先輩の工藤の時代だったらイチローとっくに辞めてるって言ってたもん。結局ひどいんだよね、中学でも高校でも。特においらの頃なんかやっぱり一番人気のあるクラブじゃない？　ひでえことばっかさせられたもん。

だから、もう全然馴染めなかったよね。かわいがられはするんだけどさ。だけどイヤだったね。要するに、なんか中学ぐらいからかな、男の子をかわいく思う感じがあるじゃない？　女の子はもちろんだけど、弟みたいにして自転車の後ろに乗せて遊びに行ったり。そういうのがね、クラブでも出てくんだよ。だから、セカンドなんてのは一番かわいがられるんだけどさ、俺、そんなの気持ち悪いと思って。イヤなこったって。

それに俺も、かわいがりたいほうだったからね。見た目小っちゃいし、キョロキョロしてるから、なんかかわいがられたんだけど、実は俺のほうが、そいつをかわいがってやろうかとか思ってるぐらいだから。だけど、身体の大きさだけはしょうがないからね。ほいで、こいつらと一緒にいられねえなと思ったの。

だから、俺はね、そういうなかでもうまく立ち回れるんだけどね。他の奴見てると、かわいそうになるんだよ。それがイヤだったね。目の前でいじめられてっから。だから、野球部行かなくなったのは、それ見たくないっていうとこもあったよね。自分はそんなとこにいたくないっていうか。でも、一生懸命耐えてやってる奴もいるわけだからね。そういうとこで助けるのもあれだし。だから、俺は辞めちゃったんだよね。

高校

高校行っても、俺、野球部入ったんだけどね。でも、それはもう、なんの役にも立たない野球部でね。柔道部とかけもちしてる奴もいるし。練習行かなくてもすぐに試合に出られたり。中学の頃の野球部とは全然違うものだったよ。はなから諦めてたからね。俺も籍はあったけども、たまに練習行って遊んでたぐらいのもんだもん。ほいで、それでも怒られなかったようなとこだったんだよ。いいかげんだったの。

だから、高校んときは、学校の野球部よりも町内で作った野球チームで大人と一緒にやるほうが面白かったね。足立区軟式野球連盟とかいうのがあって、会社でやってるチームがあったり、いろんな町内のチームがあったりすんだけど、チームの数がものすごく多くて、A、B、Cって三つもリーグがあるんだよ。そいで、俺のチームはそこの一番下のCってリーグで負けてばかりいて。

でも、弱いんだけど、なんか楽しいんだよね。やっぱり野球とか、まあスポーツなんでもそうだと思うんだけど、中学とかである程度やってきた奴と、いまさら始めた奴とではランクが全然違うじゃない？　うちの町内なんて、野球あんまりやったことないのに、ユニフォームとか買ってきて喜んじゃうおじさんたちばっかしだったから。だから、すごい三振ばっかしてんだよ。だけどさあ、そこでなんかそのおじさんたち、嬉しそうなんだよね。それ見て、俺もなんか嬉しくなっちゃったんだよ。ああ嬉しいんだな、この人って。だから、試合に勝つとか以前の問題だったけど、そこの野球は楽しかったね。

そのときのポジションはね、サードだった。執念のサード。だけど、野球やるところが一応線とかは引いてあるけどさあ、東武線の車輌工場の跡地とか、そんなとこなのね。だから、ただでさえ軟式なんで弾んじゃうのに石がゴロゴロ落っこってるから、すぐにイレギュラーになるしさ。滑りこむと足が血だらけになるような感じだしさ。大変だった。でもまあ、それでも喜んでやってたよ。なんだか知らないけど面白かったんだよなあ。

大学

大学入ってからも、一瞬、野球やろうかなと思ったことあんだけど、いろいろ聞いたらね、野球部員ってほとんど二部なんだよね。夜間。寮に入って、卒業もクソもなくて野球ばっかやってるっていう。ほいで、俺、工学部だからさあ、入ろうとしたら学部替えしろとか言われたのかな。要するに工学部から二部へ移れば、野球やれるって。だけど、そんなのバカバカしいからさあ。それで入るのやめちゃったんだよ。身体デカいのもいっぱいいるし。

あともう一つ軟式野球部っていうのもあってね、そこの練習も観に行ったんだけど、軟式ってのは、硬式でダメになった奴とか、はなから諦めてる奴が来てるわけ。甲子園出て、推薦入学で明治来て、肩壊して軟式野球部のピッチャーになったとか、そんなのがグジョグジョいるんだよ。すっともう、みんな大学で夢終わった奴だからさ、歪んでんだよね。練習行っても、二年生が一人しかいなくて。理由聞いたら、「二年生の代は、その当時の三年とか四年にメッチャクチャいじめられて、一人しか残ってねえんだよ」って。だから、一週間ぐらい練習出たんだけど、イビリすごいから、入るのやめちゃった。意味分からず怒られて、ケツをバットで殴られるからさあ。バカバカしいなって。

観客

野球は観んのも、ずーっと好きだったねえ。だって、俺、試合以前に練習を観んのが好きだったもん。要するに、プロって試合開始二時間前ぐらいから練習始めるじゃん。フリーバッティングとか守備練習とか。それを観んのが好きだったの。だから、とにかく一番早く行って、入れてくれる時間に入ると、もう練習始まってるわけだから。後楽園も行ったし、神宮も行ったよ。ネットに掴まりながら一番前で練習観てたんだ。

ほいで、少しでも近くで観たいからさ。外野席の入り口から入るんだけど、塀またいで飛び降りて、グランドキープの道具が入ってるとこなんかも乗り越えて、内野のほう行っちゃうんだよ。見っかると、「コラコラッ！」って怒られるんだけど、うるせえと思って。そいで練習観てたんだよ。グラブ捌きとか観て「うめえ！」って。あんな形で捕るんだって。やっぱ俺はね、内野手の守備の仕方観て、感動すんだよ。ただ捕って投げるだけなんだけど、形がいいんだよね。あればっか観てた。

だから、試合になると淡々と進んじゃって、逆につまんねえときあるもん。練習だと、何回も長嶋さんの守備とか観られるじゃない？　王（貞治）さんもカンカン打つし。試合のときだと四回しかバッターボックス入らないからね。一発打ちゃあ終わりでしょ。だから、練習観てたほうが面白かったね。特に、守備のうまいのはダンスを観るようだったもん。球を捕って投げるまでの一連の形がすごく好きだったんだよね。

長嶋

飛び抜けてうまかったのは、やっぱり長嶋さんだったよね。要するに、阪神の吉田（義男）さんとかが、絵画で言う写実派だとしたら、長嶋さんはキュビズムとかさ、あっちまでいってるもん。単なる守備じゃないからね。デッサンの技術がはなからあって、そのうえでデフォルメした守備というかね。わざとスタート遅らしてたりするじゃん。ああいうの、すげえなあと思ったよね。

俺、だから巨人ファンだよ。巨人以外の試合、全然観たことないもん。それはもう力道山とおんなじだよね。ジャイアンツが勝たなきゃつまんないんだよ。川上さん、王さんが打って、長嶋さんが守ってとか、そういう時代だから。

今も野球は客席で観たいけどさあ、ほら、たけしたけしって言われるじゃない？　かといって、なんかＶＩＰ席みたいな変なとこで囲われて観るのもイヤだし。あんなとこで観たってしょうがねえもん。やっぱり、一番前でネットに張りついて、試合始まると「上あがれ」とか言われて「おまえ、外野席じゃねえか！」なんて怒られながら観ないと野球は楽しくないよね。

長嶋さんのこと、すごく好きなのはね、やっぱりそれまでの野球ってピッチャーか打者は人気あるんだけどさ、守備を評価された人って一人もいないんだよ。だけど、長嶋さんって守備でも人気あったからね。長嶋さんが初めてなんじゃないかな、あの人の守備を見たいっていうのは。だって、昔はジャイアンツが守備のときっていうのは、大抵みんな便所行ったりなんかしてたんだよね。ほいで、またジャイアンツの攻撃が始まると、戻ってきてワアワア言うっていう。でも長嶋さんのときは、守備でもサードに転がればいいからって、ジーッとみんな見てたじゃない？　守備で熱狂したのは、あれが初めてだと思うもん。

別に長嶋さんが余計なことをしてるとは思わなかったな。プロってのはそういうもんっていうかね。勝つ・負けるは高校野球だと思うけど、それ以外になにを見せるかっていうのがプロだから。だから相撲でもね、琴ヶ浜の内掛けとかね、変な技持ってんのが大好きだったね。ただ単に強いのって好きじゃなかったし。

でも、子供ながらに、長嶋さんみたいになりたいとは決して思わなかったな。要するに、長嶋さんが現れるまでのプロ野球選手のイメージにあんなのはなかったっていうかね。長嶋さん見ちゃったら「ああよかった、なんなくて。この人にはなれないな」って思うもん。絵描きになろうとして、いきなりピカソとかシャガール見せられたみたいなすごさがあって、「よかった、ならなくて」と思うと思うよ。そのぐらいケタ違ってたよね。

伝説

この次生まれ変わるとして、長嶋茂雄の人生と北野武の人生、どっちをとるか？　あ、俺、長嶋さんの人生とらないよ。うーん………下手すっと、長嶋さんって自分のすごさに気が付かないんじゃないかと思うんだよ。自覚してないからこそのすごさってあるじゃない？　だけど、すごさを自覚してないと嬉しくもないし、そんなに成功したって実感もないんじゃないかなって。

俺ねえ、パンダかサルかって言ったら、サルだと思うんだよ。パンダはなにもしなくても人気もんじゃない？　でも、サルがパンダみたいに人気もんになるためには芸をしなきゃいけなくて。普通においらが檻のなかに入ってても、誰も見てくんないから。芸をして初めて見てもらえるっていう。なにもしないで寝てっと、こんなもん誰が見るかって言われちゃうっていうね。でも、長嶋さんって、寝てても見てたいような感じあるもんね。だから、パンダとかライオンが長嶋さんで、おいらは犬とか猫とか日光猿軍団みたいなもんでさ、芸したときだけ初めて印象に残るっていう、その程度のもんだと思うんだよ。

こないだ金田（正一）さんと話してても面白かったのはさあ、金田さんが「おい、たけし。長嶋の四連続三振な、あれとったの俺だぞ。俺が四連続三振とったのに、なんで三振した長嶋が有名で、いまだに語り草なんだよ」って。おかしいんだよね。四連続三振したほうが歴史に残っちゃうっていう。させたのは俺なのにって。でも、そうなんだよね。長嶋さんって、そういう人なんだよ。

だから、俺もエピソードいっぱい作ったもん。あの、信長の「鳴かぬなら　殺してしまえ　ホトトギス」ってのあるじゃない？　家康が「鳴くまで待とう」、秀吉が「鳴かしてみせよう」っていう。で、長嶋さんの場合、「私が鳴こう」って言ったとかね。そんなの嘘に決まってるじゃねえかって思うのに、それがいつの間にか本に載っちゃってたりさあ。あと、打席での野村（克也）さんとのやりとりっていうんで、張本（勲）さんは「おう張本、おまえの彼女が銀座にいんの見つけたぞ」「てめえ、もう一度言ってみろ。半殺しにするぞ！」っつって、ポーンと打って。今度、王さんは「ワンちゃん、あれだなあ、なんとかなんとか」って言ったら、全然意に介さずコーンて打っちゃって。最後、長嶋さんがバッターボックス入って、「ミスターよぉ、あの女、おまえと付き合ってるんだって？」って言ったら、「そうなんだよ」ってバット置いて話しこんじゃったっていう。結構、俺が作ったんだよ。だけど、長嶋さん本人は、それ聞いても笑ってるだけなんだよね。

復讐

ほんで、俺、芸人なってからも軍団と一緒に野球やるんだけどさ。きっかけはね、なんか単純に、うちの若い衆もある程度増えてきて、野球チームぐらいできるかなあっていうか。軍団のなかに野球できる奴が多かったんだよね。井手（らっきょ）はうまいし、（ガダルカナル）タカも野球少年だし、（そのまんま）東なんかは、ハンドボールで国体出たりして運動神経いいしさ。ダンカンも野球大好きだし。そんで、じゃあ野球チーム作ろうってなって、神宮で練習とか始めたら、なんか野球ができると俺の弟子になれるって噂が出ちゃったんだよ。したら、弟子になろうとして、みんな嘘ばっかり言ってくんだよな。ノンプロにいたとかなんとか。なんでおまえがノンプロにいるんだよとか思うんだけど、でもまあ、そうやって野球チームができちゃったんだよ。

そんときは嬉しくてしょうがなかったよね。だから、軍団がよく言うエピソードで、あるとき試合の日が土砂降りだったんだけど、「土砂降りでも、殿は絶対やるって言うから迎えに行こう」っつって、四谷のマンションの前で待ってたら「バカヤロー！　こんな雨でやるわけねえじゃねえか！」って、下は野球のアンダーストッキング穿いてたって。だけど、実際それに近かったからね。だって、あの当時ひどいよ? 夜さ、『オールナイトニッポン』三時に終わって、六時ぐらいまで酒飲んじゃって、それから新宿のバッティングセンター行って、球打ってたんだもん。ほいでそのまま仕事行っちゃったんだから。だって、一番ひどいときは、年間百五十試合もやったからね。二日に一遍というか、一日三試合とかやっちゃって。

もう許してくださいってぐらいやってんだよ。結局、早朝六時頃から十二時か一時頃までに二試合とかやって、そっから仕事行くっていう感じでさ。一回知らないで、ヤクルトの春のキャンプに、試合申し込んじゃったことあるもん。荒木(大輔)が走ってるとこに、ラッシャー(板前)が行って、「おうおう、兄ちゃんいい身体してんな。荒木っていうの?」なんつって。「俺らと試合しない?」って言ったら、ゲラゲラ笑われて戻ってきて。「誰だ、あそこ?」「あれ、ヤクルトです。ずいぶんいい身体してると思った」だって。

野球狂

でも、ほんと、あの当時は、とんでもない勢いでやってたんだけど、野球はね、俺も散々やってきたからね、分かるわけ。俺はこれ以上投げちゃいけないとか、これはダメだなとか。すごく冷静に「俺は二回で降りるから、おまえ投げろ」とか言って、サード守ったり。だから、年間百五十試合といっても、そんなに大変じゃなかったね。みんな喜んで来たし。水島新司なんていう、もう一方の旗頭もいるしさ。

あの人、六十五歳なのにまだやってるもん。あの人はすごいよ。一昨年もさ、年末に名球会と試合やったんだけど、最後九回までうちのチームが勝ってたんだよ、三対二で。ほいで、「水島先生。最後のシメでリリーフお願いします」っつったら喜んで投げてくれたんだけど、さよならホームラン打たれちゃって。したら、ベンチで泣いてたっていう。シャレなんだから、いい歳して泣かなくたっていいのにさ。あの人、そのぐらい野球好きなんだよ。

だから、俺も軍団と野球やってるときは、怨念晴らすどころじゃなかったもん。ユニフォームもいいの買っちゃうしね。グローブなんか、自分の手のサイズ測って、もうプロみたいなの作っちゃってさ。でも不思議なもんで、どういうわけだかそういうとき金遣わないでいいんだよ。昔は九百八十円のグローブ買えなくて泣いてたときがあったのに、芸人になるとサイズまで測ってプレゼントしてくれんだよな。バットも「何本欲しいですか？」とかさ。でも、一番欲しいときにはくれないんだよ。ポルシェでも欲しいなって思ってる時代には絶対買えなくて、ああいうのも買ってみっかっていうときには買えるじゃない？　あれは、ほんと不思議なもんだよね。

でも、よくよく考えりゃ、年間百五十試合っておかしいよな。労働者だったらとっくに死んでんじゃねえかと思うもん。シベリアの抑留生活みたいなもんだよね。ほんと憑かれたようにやってたんだよね………なーんか面白いんだよね。なんだか知らないけど面白いんだ、野球は。だって、あの頃は、『（たけしの）スポーツ大将』って番組も作っちゃったんだからね。野球やって、金もらってたんだもん。面白いもんだよなあ。

阪神にも勝ったしなあ。まあ、あれ軟式だから、硬式とは全然別もんなんだけどさ。それに、俺の球があまりに遅いんで、打てなかったんじゃないかと思うよ。俺より速かったら、プロなんかカンカン打っちゃうんだろうね。俺のはあれっと思ったときにはまだ来てないという。そういう感じだと思うよ。

今はもうはっきり体力がないの分かってるから、さすがにやらないね。ポンッて球が上がって、頭んなかで「ああ、あすこのへんに走りゃいい」と思うんだけど、気が付いてみると、球向こうの方向行っちゃってて、そこまで辿り着いてないわけ。すっと、ああ、これ、怪我すんなと思って。どうすりゃいいかっていう感覚は閃くんだけど、身体が動いていかねえから、ドテッて倒れちゃったりさ。それで、やんなくなった。キャッチボールもやんないし。やっぱり野球をやる面白さって、実際にそれなりのゲームができるから面白いんであって、それがやれなくなったら面白くなくなるよね。もう今は観てるだけのほうが面白えもんね。

醍醐味

今はね、もうメジャーリーグしか観なくなった。やっぱりメジャーのほうが面白いよ。なんつうんだろ……メジャーの場合はさ、ボールパークって言うけど、ゲームそのもののなかに、スタンドの雰囲気からなにから全部入るじゃない？　だけど、日本は単に野球観るってだけなんだよね。客席の扱いからなにからメジャーは全然違うもん。だから、こりゃあ向こうのほうがいいよっていうか。一回、カナダで観に行ったことあんだけど、球場入ったらバーがあってテレビがついててさ、練習の球とかファウルボールとかも子供にくれるんだよね。日本の場合も一回ファウルボールあげたことあるけどさ。だけど、怪我人続出でさ。いい大人が子供の上に飛び降りてきたり、フライ上がったら子供に捕らしてあげようとか、そういう気さらさらないから。応援だって応援団長みたいのがいて、あんなバカなことないじゃない？　だから、ゲーム自体のレベルもあるけど、野球に関連したあらゆるもののレベルがちょっと違うんだよね。それを一度知っちゃうとね、やっぱりメジャーのほうがいい。

なんでこんなに野球好きなんだろうね？　うーん……でも、博打が好きだっつっても、この金取られたら家まで売らなきゃいけないっていうような博打やってる奴と、給料の二割ぐらいまでは博打やるんだっていうのとじゃ楽しみが違うじゃない？　それとおなじように、野球も年間百五十試合もやってると、なんかいろんなことが勘で分かってくるんだよね。二回までやった時点で、今日、これは絶対負けるなとかね。すっと、この流れをどう変えようかっていう、そういうとこが面白いんだよね。

だって、草野球の神様って言われてる漫才師でポップコーンっているんだけどさ、そいつらの野球に対するこだわりはすごいもの！　そいつらの言うことは、俺なんか比較にならないほど奥が深いからね。だって、草野球なのに審判の扱い方って言うんだよ。例えば、チェンジしたときにキャッチャーが審判に「うちのピッチャー、今日どの球がいいんですかねえ?」って言ったらさあ、「ああ、外角のカーブがいいんじゃないの」とか審判も言っちゃうじゃない? そうすると次から外角のカーブはちょっと外れても、自分が言った手前ストライクにしてしまうでしょ。そういうかけひきをやってるんだよ。

それとおなじような話がこないだ聞いた話でもあって、よく高めの球を振っちゃうバッターに「高めの球には気を付けろ」って言うのはプロのコーチ失格なんだって。「高め」って言っちゃった時点で、そいつの頭には高めの球っていうのが残っちゃうから。そうじゃなくて、そこでは「いいか、低めの球を狙え」って言うべきなんだって。はなから高めっていうもの自体を全部なくすんだって。すっと低い球打とうとするから、高めは打たないんだってさ。だから、野球も心理ゲームだとか言ってたけど、ほんと奥が深いんだよ。

尊敬

俺ねえ、だから面白いのはプロ野球選手に関しちゃ誰でもいまだに〝さん〟づけなんだよ。俺のほうが歳が上とかでもね、そこはもうダメなんだ。喜んで選手の人にサインもらったりなんかして、「○○さんはすごいねえ」とか言っちゃうんだよ。要するに、俺ができないことやった人だからね。もしも身体がついてってたら、意外にプロ野球選手なってたかもしれないけど、そうじゃないから。俺がやろうとしてできなかったことだから。軍団と一緒に野球やって、阪神に勝ったりもしたけど、あれはお遊びだし。だから、芸能界とかだと、俺、平気で「森繁！　なに言ってやんだ、あのクソジジイ！」とか言っちゃうことあるけど、野球選手に関しては絶対に〝さん〟づけなんだよ。なんか、それはずーっと変わらない気がする。今となりゃあ、野球選手なんなくてよかったなあとかとも思うけど、でも自分のやれなかったことだから。逆に言やあ、だから野球、今も好きなのかもしんないね。自分のできなかったことだし、もう一生手に入れられないものだから。多分野球はずっと好きなんだろうね。

北野武、新宿を語る

喧騒

新宿って言っても、俺があそこに行くようになったのは、大学入ってからだよね。結局、明治の工学部って校舎が生田だったから、新宿から小田急線乗っていくわけ。で、そっから四十分ぐらいかかるんだけどさあ、もう新宿に着いた時点でなんか疲れちゃってるんだよ。すっと、その当時、喫茶店でモーニングサービスとか流行ってたから学校行く気なくなっちゃって、新宿で降りちゃって。いつも新宿まで行っちゃあ帰ってきてた。だから、俺、大学ほとんど行ってねえんじゃねえかと思うよ。

それにほら、俺、新宿なんていう賑やかさをそれまで知らなかったからさ。要するに俺、東京の田舎者だったからね。なんか新宿っていうと楽しいことといっぱいありそうじゃない？　女がいて、一歩間違えりゃ金持ちになりそうだし。逆に言えば、そのへんの道端に転がってる人生もあるしさ。なんか変な感じだったんだよね。

だけど、よく考えりゃ下品な街だよ。浅草なんか下品なんだけど品があるっていうかね、どうせ貧乏なんだからっていう品があったんだけど。新宿って早いもん勝ちみたいな、なんでもありそうな感じじゃない？　いろんなとこから人が出てきて、ゴールドラッシュみたいな感じがあったもんね。酒と女と金みたいなとこあって、新宿でなんかにありつければ金になると思ってたんだね。そのなかに俺も浸ってるのが楽しかったんだよね。

喫茶店

初めて新宿に行ったときのイメージは喫茶店しかないよね。当時、東口出てすぐのところなんてメシ屋と喫茶店しかないんだもん。あとは……なんだろうなあ……パチンコ屋、麻雀屋ぐらいのイメージしかないねえ。でも、それまでそのどこにも入れなかったわけだから。それが自由に入れるようになったっていうことだけで、もう楽しくてしょうがなかった。ごく当たり前の喫茶店でも楽しかったもん。

そういうときは一人だよね。友達とかはほとんどいなかったね。ぽつんと降りてったの。なぜか山手線から新宿の小田急線に乗り換えんのがイヤでね。もう面倒くさいんだよ。だから、回外に出ちゃうんだよね。したら、目の前には喫茶店がいっぱいあってさあ。そのなかに、地下から変なうるせえトランペット、ブカブカブカブカやってる店があったの。地下っててちょっと危なそうで面白いじゃない？ そんで、とぼとぼ入ってってったら、それがジャズ喫茶だったんだよね。朝五十円でコーヒー飲んで。横にはベレー帽かぶって変な本読んでる奴がいて。そいつ、難しそうな顔で偉そうにパイプ持ったりなんかしちゃっててさ。

それで俺は「ああ、ここはちょっと教養というか、なんか文科系の奴が集まって、難しいことを言うとこなんだ」と思ったわけ。俺、数学とかそっちしか勉強してないんで、国語なんか全然やってないから、憧れちゃってさ。そいでなんか、神経質そうな変なおねえちゃんが男の隣に座ってんだよ。キレイなんだけど、ちょっと頭イってそうな感じの女が。それ見て、俺もこういうところ来るようになれば、こういう女とできんだなと思っちゃったんだよね。そんで、俺もジャズ聴いて哲学を語んなきゃいけないと思ったんだけど、結局分かんなくて。でも、結構、ジャズ喫茶は通っちゃったんだよね。

文系

だから、最初は哲学なんて言葉も知らなかったし、サルトルって言葉も全然分かんなかったんだけど、ちょうどその頃、アメリカじゃあビート族とか、フーテンが出だした頃だったんだよね。だから、汚いカッコして髪の毛伸ばして哲学者みたいな顔してる奴がいると、これだとか思っちゃったんだよ。やっぱり機械なんかいじってる場合じゃないっていうかね。「思想的に」とか言って、難しい顔してコーヒー飲みながら、首振ってジャズ聴いてるの見て、全然分かんねえのに、とりあえずこれが分かんなきゃいけないんだと思っちゃったんだよね。したら、いつの間にか、常連さんと話しだすようになっちゃったんじゃねえかなあ。

あのとき、なんで「これだ」と思ったんだろうなあ。結局、文科系コンプレックスってすごくあったんじゃないかね。俺の高校なんかは機械科に行ったのなんてあんまりいないんだよ。数学できる奴なんてあんまりいなくて、みんな文科系だったんで、そういうのもあったのかもなあ。あと、あの当時は『平凡パンチ』が出てきて、ファッションで言えばVANジャケットとかが流行りだしたんだけど、VANとかそういうのを買う金もないし。すっと片っぽで、暗い部屋でジャズ聴いて、煙草ふかしながら汚いカッコしてる奴がいて。経済的にこっちのほうが入りやすいっていうのもあったかもしれないね。

でも、俺、ほとんど馴染んでなかったよね。確かにすげえ行ってたんだけど、話し相手になってるだけみたいなとこあったよ。まあ早稲田の男で、杉山っていう作家志望の奴が、俺にとってはいい兄ちゃんだったんだけど、デブってあだ名だったんだけど、麻雀メチャクチャ強いんだよ。もう今は全然会わないけどね。佐賀のカミさんの実家帰っちゃったみたい。不動産屋やってるって噂あるけどね、よく分かんないんだ。懸賞小説とかなんかいろいろ出したらしいんだけど、全然ダメだったみたいだよ。だけど、そいつとジャズ喫茶で偶然知り合って、いろんなこと教えてくれたんだよね。あと中上健次もその店来たりなんかして、一緒に羽田の荷役のアルバイトにみんな行っちゃったりしてたよ。なぜかよく分かんないけど、俺、そいつらについていってったんだよね。

多分、境遇的に俺とおなじ種類の人たちだったんじゃないかな。俺よりもうちょっと文科系の頭があるってだけで。VANとかが流行っているなかでそういうの諦めた奴らっていうかね。明るい学園生活を諦めた奴らみたいな。どうせ貧乏だし、いい服も買えないし車も買えないしアルバイトしなきゃいけねえから、しょうがねえ、ジャズでも聴いて、退廃的なことを快感にするかっていう、そんな人たちじゃない？　みんなそっちにいくしかないからいっちゃってたわけで。みんなおなじ種類だったんじゃないの？

あと結局、ジャズって音楽自体がアメリカのもんじゃない？　うちはほら、兄貴たちがアメリカ大好きだから。一番上の兄貴なんかもう、英語ばっかしやって、英語英語っていうような人だし、進駐軍の払い下げなんかもらっちゃ喜んでる人だったから。だから、家族みんなアメリカは偉いと思ってたよね。ほいで、あの当時は日本の流行歌しかなかった時代だしね。英語の歌もポップスも全部、日本語に直して歌ってたんじゃないかなあ、中尾ミエとかああいうの。そうすっと、アメリカ音楽で黒人のジャズなんてのはとんでもない、すごい文化的にレベルの高いもんに見えたんだよ。「それを聴けるなんてすごい！」と思っちゃって。だからそこへ入って、とりあえず座ってたって感じだね。そこにいることで、自分もそのレベルにいけると思っちゃったんじゃないかなあ。

麻雀

だから、あんときの一日は、なにやってたかっていったらね、朝、喫茶店に来て昼過ぎまでコーヒー飲んで、その後、麻雀屋行くんだよね。麻雀屋は麻雀屋で、いろんな学生のグループがいて賭け麻雀やってるんだけどさ。そこで、さっきの杉山ってのは強いから、俺を囮に使ってサインを送るわけ。なにげなくそこに行って、早稲田と明治の学生が偶然その卓を囲んだことにしてサイン出すわけ。で、勝った金で二人でいつもお酒飲んでたんだよ。

もうサインはいっぱいあったよ。杉山は高円寺に住んでたんだけどさ、あいつんち連れてかれて、麻雀牌並べて「今から全部教えるからな」とか言って、必死で全部覚えて。で、新宿のあすこ、靖国通り渡ったとこに、中川三郎ダンス教室ってあるじゃない？ その近くにセブンとかいう、賭け麻雀専門の麻雀屋があったの。そこにみんな集まるんだよね。すっと、顔見知りもいたりすんだけど、「いいか、おまえと俺は知らないことにしよう」とか言って。ジャズ喫茶からそこに流れたのが五人ぐらいいるんだけど、みんな知らない顔してサイン出してんだよ。一人抜けると、もう一人がそこにすっと入って、そいつもサインが分かるわけ。だから、そうやって稼いでたよね。勝ったって言っても三千円だけどね。でも、三千円だと二人で分けて千五百円ずつで、それで新大久保の飲み屋行くと飲み放題食い放題だからね。なに入ってっか分かんねえような煮込み食ってベロベロになるまで飲めたわけ。酒五十円とか、そういう時代だから。

だけど、そんなことばっかやってたから、デブは一回、窓から逃げなきゃいけなかったことあるよ。あいつはサインだけじゃなくて、牌を隠したりすんのもやってたんだよね。すごくうまいんだけどさ、ある日やってたら、知らない奴にバーンと手やられて。「てめえ、いかさまやったろう!」って言われて、ダーッと逃げてって。追っかけたんだけどいなくなって。で、しょうがないから、さあもう一回やろうって新しい奴入れたら、そいつ、杉山を見破った奴とつるんでやがって。なけなしのアルバイトの金、一万円も取られたんだよ。

しかも、杉山ってのはね、カモを見つけんのもうまいんだ。要するに、田舎の金持ちでジャズが好きな奴を連れてきちゃうんだよ。一人だけ恰好も違うし、吸ってる煙草も違ってるんだけどさ、そういう奴を麻雀に誘って、そいつからいつも取ってたの。何回か取っちゃうと、そいつも気が付いてやんなくなるんだけど。他にも、あの当時のジャズ喫茶ってね、たまにフラッと金持ちとかが入ってくるわけ。したらもう話しかけて麻雀やって、いつも金取ってたよね。杉山って、博打強かったね。高田馬場まで二人で遠征したことあるもん。早稲田の学生で強いのがいるとか言って行っちゃってさ。だから、阿佐田哲也の

『麻雀放浪記』とかああいうの分かるもん、ああ、確かにこういうのあったあったって。

ナンパ

だから、面白いは面白かったよね。浅草でも別に博打とかはあったけど、伝助賭博とかマヌケなやつばっかりで。どっちが入ったとかやってるんだけど、そんなん全部いかさまで、麻雀なんてのは、学生になって初めて見たような感じだったから、面白かったよね。あと、ジャズ喫茶に入んのも面白いし。飲み屋で飲むのも初めてだから。その前から酒も飲んだし、煙草やなんかも吸ってたけど、高校のときは飲み屋なんかで飲まないからね。だから、全部が初めてで、面白かったんだよね。

ほいで、あんまり面白いから学校行かなくなっちゃったよね。いっつも新宿で遊んじゃあ、そのまま家帰って。恰好も学生服もなにも着なくなって。だんだんだんだん汚え恰好になって。フーテンみたいな恰好になってっちゃったね。

おねえちゃんは……またいなくてね。ちょうどディスコが出てきた頃だから、当時ナンパはディスコだったんだけどさ、全然ダメだったよね。俺、みすぼらしいから入れてくんなかったときあったもん。あのときはなんだろなあ…………新宿のジ・アースとか、赤坂のムゲンとか。金入るとハシゴしてたよ。そいでナンパしてた。しかも、そのデブってのが踊りもうまいんだよ。デブってのは福生行って、外人のためのチャイナ服みたいのを作るとこでオーダーして服作ってたりすんだよね。ほいで、ムゲンでナンパした女がすごい金持ちの娘で、またそいつに金せびってて。いいカッコしてたもんなあ。高円寺のアパートでさあ、俺が隣で寝てんのに、変な女連れこんでヤってんだよ。じっと見てたら、ヤってる女と目が合ったりなんかして情けなかったよね。じっと睨まれて。邪険にされてさ、「なんでおまえ泊まってんだよ！」なんて言われてさ。「寒いから泊めてよ、見ないから」とか言って。盛り上がんないよなあ……。ぜーんぜんモテなかったもん。情けなかったよ。

バイト

だから、俺的にはジャズ喫茶と雀荘と新大久保の飲み屋の三つが新宿のほとんどだったなあ。あとはアルバイトだよね。仲間を見つけちゃあ一緒に行って。あの当時いっぱいあったんだよ、ビルの解体とか。ほいで、一日八千円とかいい金くれるんだけどさ、メチャクチャ危ない仕事ばっかなんだよね。

だって、俺、死にかけたことあるもん。要するに地下なんだけど、コンクリート流すときに両脇に合板のベニヤとか貼るじゃない？　ほいで固めんじゃない？　それを剝がすっていうバイトがあったんだけど、コンクリートが空気全部吸っちゃったんだかなんだか、酸欠でメチャクチャ危ないんだよね。したら、あるとき一番最初に入ってったオヤジがストーンって倒れて、それで死んじゃったんだよ。即死だよね。地下で澱んでて、空気が入ってないから、トトトトトッ、パタンて倒れたの。もう、みんなで「危ねえ！」って出てきちゃったもん。したら救急車みたいのが来て、死んじゃった。俺は、そんとき確か先頭から五番目だったんだけどね。そのオヤジが頭でおいらたちを使って仕切る役目だったから、いつも真っ先に入ってくんだけど、したらやられちゃったんだよ。

怖い仕事だよねえ。だけど、お金になったからやってたよね。あと金になったのは羽田の荷役かな。エアグランドサービス、ＡＧＳって、ＪＡＬの子会社なんだけど。あの当時は、ジャンボもなんにもなければ、コンテナもなにもなくて、当時は飛行機の貨物室にネット張りを入れてたんだよ。

荷役室にベルトコンベアがついてて、ハッチ揚げて、下から荷物をベルトコンベアに載せると、上の奴が手送りにして、飛行機の後ろにダンダンダンダン積んでいくわけ。ほいで、ある程度溜まると荷物がずれないようにネット張るわけ。もうそれのくりかえしで。また荷物入れてネット張ってって。今だとコンテナにバンッて入れちゃうだけだけどさ、その当時はなかへ入るのも大変なんだよ。真夏なんかは暑くて倒れちゃうからね。だから、金が高いんだけど、アルバイトに来てる奴みんな部費を稼ぎに来た拓大の空手部の一、二年生とかなんだよね。よく体力的に一緒にやれてたよねえ。だって、バイトの待機室ってあんだけどさあ、そこにはこんなデカい岩塩が置いてあるわけ。それをみんなワーッて舐めてヤカンの水飲んでダーッて行くの。そんときに荷物の重さを計算してたのが中上健次で。やんないんだあいつ、荷役。ベルトコンベアのとこで、「えー、この飛行機は何トンだから、何トンまで載せられる」とか言ってやってんの。で、こっちが必死なって積んでんだよ。

しかも、あの当時はまだワシントン条約がなくて、インドネシア・ガルーダ航空とかいうと、インコとかそういうの積んでくるわけ。もう入った瞬間、臭さでぶっ倒れるの。したら、あるときガゼールが飛行機から飛び出して。羽田の飛行場、ピョンピョンピョンピョン逃げ回ったことがあってさ。そいで飛行機、着陸停止になっちゃって、羽田で大捕物なの。したらガゼールが、ピョーン、ピョーン、ピョーンて、沼にベチョッて入ったかと思ったら、そのまま死んじゃったっていう。

あと面白かったのはね、アラブ首長国連邦の王様が来たことあったんだけど、あの当時一ドル三百六十円じゃない？　なのにチップを千ドル配りだしたんだよ。パッとドアが開いた瞬間に王様みたいの出てきて、側近がチップを配りだしたんだけど、したら羽田じゅうパニックになっちゃった。だって三十六万円だもん。すごい騒動だったよね。

仲間

だけど、バイトはほんとにいろんなのやったよね。慶應の奴なんだけど高野君ってね、これがアルバイト見つけんのうまいんだ。ほんとに効率いいのを見つけてくんだよ。したら、面白いのは、こないだ六本木の、渡嘉敷（勝男）が行ってる、ホステスが十人ぐらいの会員制クラブみたいなのに行ったんだけど、そこに二十一歳ぐらいの高野君の娘がいんだよね。「たけしさん、高野です」「なんだよ、高野って」「いや、お父さんが」「えっ、慶應の高野君?」「はい」っつって。電話したら、「おい高野、おまえの娘が勤めてるぞ」「そうなんだよ、家出して」とか言ってて。「おまえんちの娘とできたらどうすんだ」って。もう最悪だよね。その娘は娘で芸能界入りたくてとか言ってきて。「お願いします」「ふざけんな」って言っといたんだけど。

でも、そういう話じゃ面白いのいっぱいあるよ。青山学院行ってた俺の友達がいるんだけどさ、俺がもう学校ほとんど辞めちゃってとか言ったら、「北野君、ちゃんと就職しなきゃダメだ」「おまえどうしたんだ?」「西武入った」って。もう西武が昇り調子のときだよ。「これから頑張る、最後にはデパートの店長だ」とか、いろんなこと言ってたんだけどさあ。おいらその後漫才師になって、またそいつに会ったんだよ。「漫才師になった」「やめなよ、そんな売れないいんだから」「おまえどうしたんだ?」って聞いたら、池袋のパルコとかなんかにいるんだよ。ほいで漫才売れてから、としまえんの花火大会の営業に行ったの。したら支配人で出てきやがって。「なんでおまえ、としまえんにいんだよ?」「飛ばされてなあ」なんて。「今なにやってんの?」「カートの修理」だって。笑ったよね。

だから、ずっとそんな感じだったよ。金稼いじゃあバイト休んで、金持ってる奴と集まって賭け麻雀やって、相変わらず飲んで。そのうちようやく服も買えるようになって、ディスコ行ったりなんかして。もう頭んなかはさ、女と車ぐらいしかないんじゃないかな。酒飲むのと女しかないんだよ。で、ほとんど女はもう諦めてるから。そうすっと酒しかなかったよね。あと賭け麻雀。延々やってたもんね。

風俗は、えーっと、堀之内と吉原にトルコとか、チョコチョコまああったけど、行ったことなかった。俺、芸人になって初めて浅草のトルコに行ったぐらいだから。

そんで、その後芸人なってからは、パッタリ新宿行かなくなっちゃったよね。俺、今、新宿は紀伊國屋書店ぐらいしか行かないもん。歌舞伎町なんか絶対行かない。たまにコマ劇場に用があって行くときあるけど、それぐらいのもんで。もうほとんど行かないよね。あそこには結局、四~五年いたのかな？　四~五年も経つと、みんな仲間が卒業しちゃうから。就職しちゃったり実家帰っちゃったり。そうすっと俺なんか友達もいないし、行かなくなっちゃった。ほいで浅草行っちゃったわけで。

でも、あのときは物に憑かれたように新宿にいたよね。あと、余計なこと考えてなかったし。楽しいのか楽しくないのかも分かんないって感じあるね。一歩間違えりゃ、ホームレスの仲間がいたらホームレスやってたんじゃねえかと思うもんなあ。どんなとこでも、大事なのは知り合いがいるかどうかってことだけだよね。ある時間を一緒に過ごせる奴が何人かいるってだけで行ってたんじゃないかな。そんなに馴染んではないんだけどね。

俺、最後のほうは、その喫茶店のカウンターやってたんだよ。カウンターでコーヒー淹れたり、変なリクエストカードみたいな紙を見てレコードかけたりとかって。あの当時、なんであんなにアルバイト代安かったのかなあ。一日五百円じゃなかったかな。片っぽで八千円のバイトやるのに。結局ジャズ好きがやりたがるからとか、訳分かんないこと言われて。でも、そのお店はいまだにジャズやってるよ。〝ビレッジゲート〟っていう名前なんだけどさ。相変わらずアカシヤスポーツっていうスポーツ店の地下の、すごく細いとこでやってるんだよね。でも、さすがに今は行かないな。なんかイヤじゃない？　昔の自分見るみてえで。いやぁ………歳とるってのはどういうことか、よく分かるよね。歳とればとるほど昔の自分が恥ずかしいっていうかさ。あんときの、頭のなかで女どうこうしたいとか酒飲みたいとか、そんなことばっか考えてた卑しい根性がさ、恥ずかしくてしょうがない。

それにもう、若い頃のおいらみたいな金のない奴がフラフラできる街じゃなくなってんじゃない？　金ぼったくろうというような、変なキャッチバーみたいなのとか、危ねえのばっかりいるようなとこになってるから行きたくないよね。まして、顔が売れてるから「あ、たけし！」なんてやられちゃうとかなわねえし。もうどこでも街中歩くの嫌いになっちゃったからね。指されるしさあ。結局、車乗って、仕事の現場と知り合いの飲み屋の往復になっちゃったね。メシ屋も決まってる店しか行かないし。フラッと行こうなんて気は全然ないね。

思い入れもね、どっちかっつったら浅草のほうがあるよ。やっぱ芸人で売れない頃を過ごした浅草のほうが行く気するよね。新宿はなんだったんだろうね。ハシカみたいなもんじゃないかなあ。あまりにも無知だったってのあるじゃない？　無知だったからいたんだろうけど、いろんなこと分かってくると、一体なんだったんだろうと思うよね。俺、ジャズのレコードなんか一枚も持ってないしね。なんかこう、退廃的で貧乏くさいんだけど、それなんか精神的にはちょっと高級な哲学みたいなのを持ってる感じがあるじゃない？　それが魅力だったんだけど、よく考えたらなにもなかった。しょせん酒飲みたかっただけだったのかなって感じがして。よく考えたら、ジャズ喫茶行ってあと麻雀打ってたって、なにやってんだか全然分かんないよね。賭け麻雀でサインやって、ほいで焼鳥屋で酒飲んで帰ってきてたって、どういう生活だったんだろうっていう。だから、思い入れはあんまりない。でも、あの頃が青春だったよね。

北野武、宗教を語る

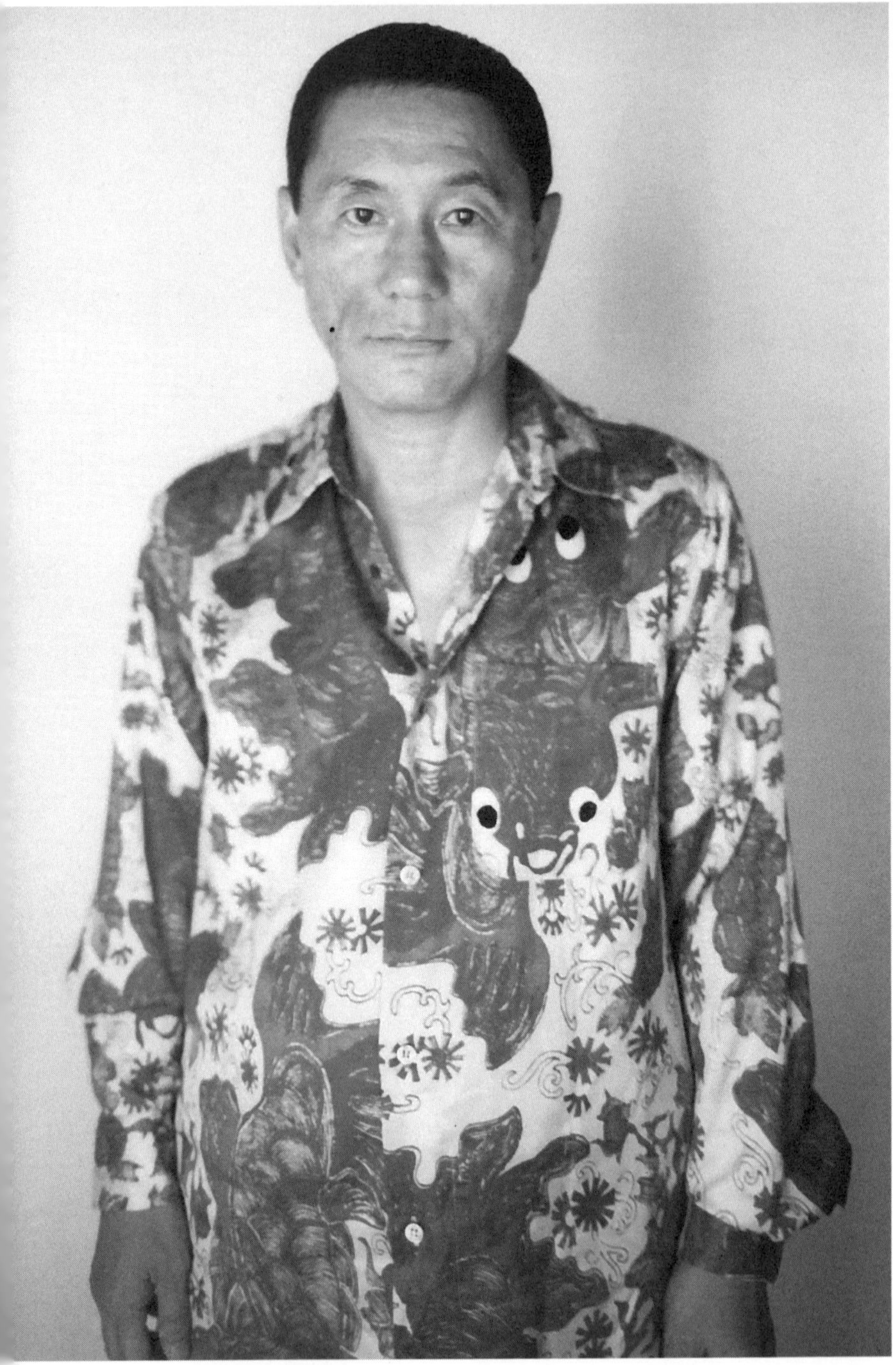

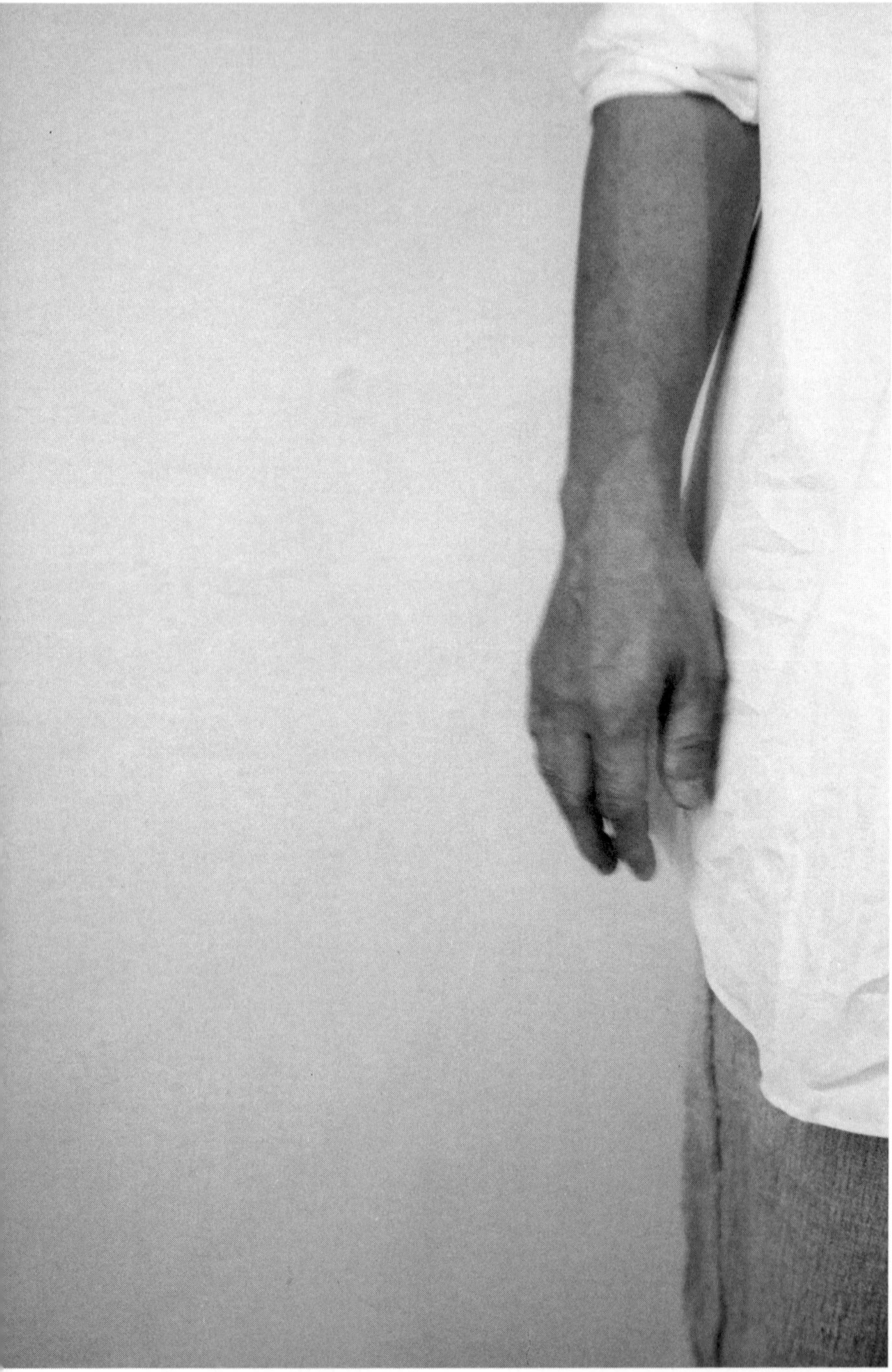

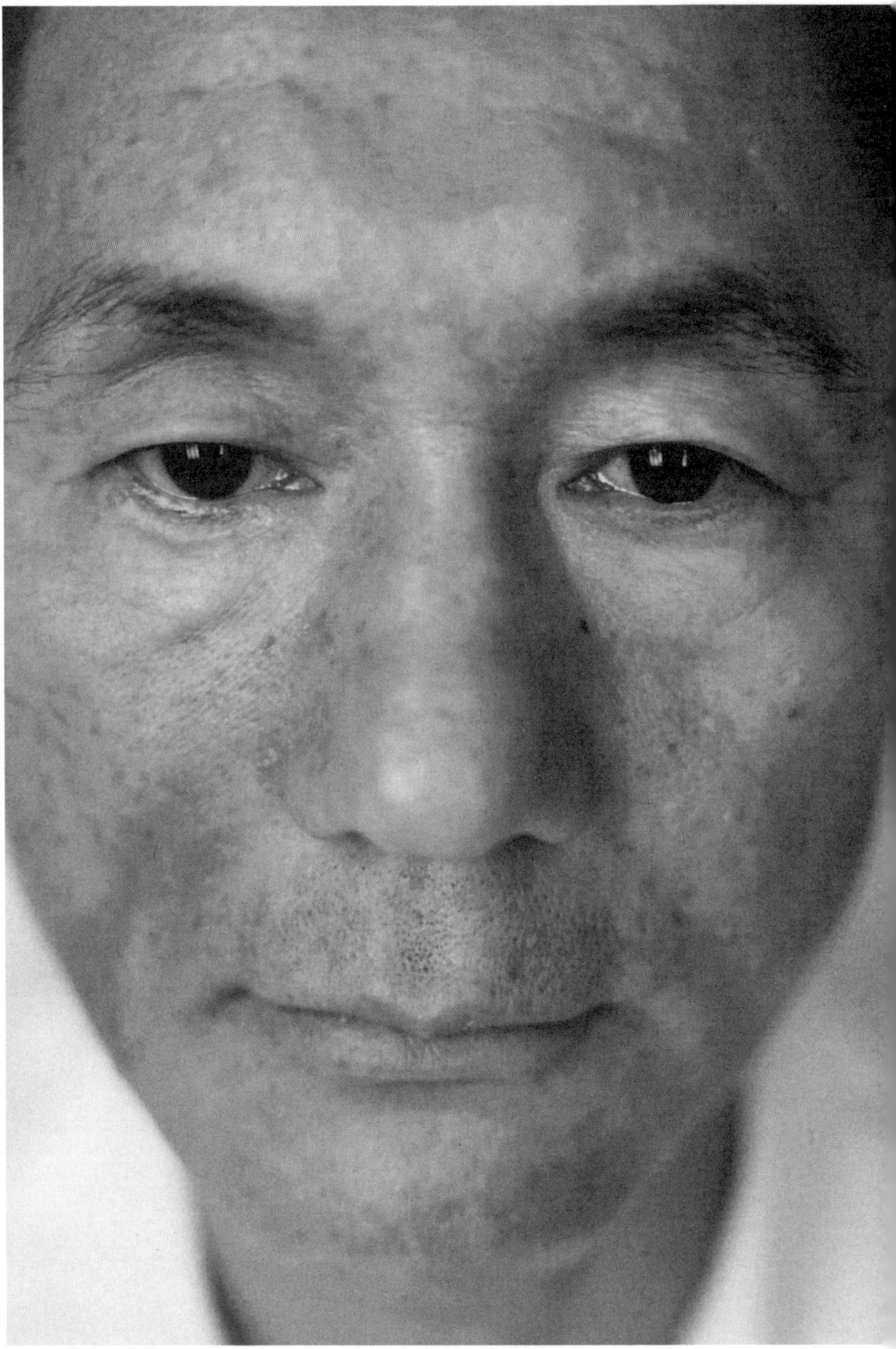

罰

神様は、俺、小っちゃい頃から、おふくろに「日本は八百万の神だから、そんなことしてると、罰当たるよ」とかって、よく言われてたよね。「そんなことしちゃいけない、罰当たり！」とかね。だけどさあ、子供んときなんていうのは、なんてんだろうなあ、その罰当たりが面白いわけじゃない？　だから、よく賽銭泥棒とか行ってたよね。

カブトムシを紐で結んで、賽銭箱に入れたりとかさ。すると、札とか、みんな摑んじゃうんだよ。一回、浅草の汚え神社でやってたらさ、「なにやってんだ！」って見つかって。ほいで、すぐさま走って逃げたら、胴が取れてカブトムシの頭だけ紐につけて帰ってきちゃったりね。

あとは、俺の友達に神主のせがれがいたんだけどさ、そいつが悪い奴なんだよ。金ないからって賽銭箱の鍵、持ってきてね。ほいで、物陰に隠れるんだよ。「誰か賽銭入れに来たら、それとってジュース買いに行こうぜ」っつって。「来た来た、いつものババアだ。あいつ十円しか入れないいんだぜ」とか、全部知ってんの。「あと五人は賽銭入れなきゃいけねえ」なんて二人で言って。そういうのはよくやってたよね。

だから、なんか罰当たるったってちょっと怖かったけど、そういうのが面白かったんだよね。小っちゃい頃……蒙古斑ってあんじゃない？　あれは、おしめにしないで便所でちゃんとうんこしろって便所の神様が怒ってんだって、それで神様がケツをつねった痕なんだとか。そんなのばっか聞かされたけどさ。空に唾をかけると落ちてくるのは顔だとかね。でも、そうやって自分が罰当たりなことをしてるのが面白かったんだよね。

効力

俺、あとは小っちゃい頃、おふくろに連れられて、悪霊祓いみたいなのに行ったことあんだよ。要するに俺が言うこと聞かないのは、悪い霊が憑いてるからだとかって言って「あー！」とかやってんだけどさ、おっかしくてしょうがなくて。おふくろは一生懸命拝んでて、「一緒に拝みなさい！」とかってパチッと殴られたんだけど、俺、そんときはすごくバカにしてた。だって、その祈禱師のうち、すごく貧乏なんだもん。その祈禱師、並んで物買ったりなんかしてメチャクチャセコいんだよ。だから、お祓いとかもこんなの嘘っぱちだなあと思ってたよね。

うちのおふくろって、そういうの行っちゃったりするっていう意味では、まあ信心深いんだけどね。でも結局さ、下町のおばさんのいけずうずうしさっていうかね。昔、母ちゃんと、父ちゃんの墓参り行ったことあんだけど、最初は手合わせて拝んで線香あげたり普通にやってたんだけどさ、そのうち「父ちゃんごめんね、今日花買ってくんの忘れたんだよ」って隣の墓の花全部持ってきて、「はい、はい」ってあげてたときは、どうしようかと思ったな。この人はすごい罰当たりだって。隣の墓の花持ってきちゃって、平気で父ちゃんとこ入れちゃって拝んじゃってんだから。

だから、うちのおふくろも、お盆だとかなんか段取りはちゃんとやってるけど、ほとんど信用してないんじゃないかねえ。ただ、やっぱうちの近所は立正佼成会だとか、創価学会だとか多いからね。信者を集めんのに、いろんな悩みごと聞いてグループで話し合ったりするのあんじゃん。ああいうのにはよく行ってたよねえ。でも、おふくろは、なにやってもダメだっつってたよ。効かないって。薬みたいなもんなんだよね。「あすこ入っても効かないわ」って。だって、聖教新聞と赤旗、付き合いだからって同時に取ってんだよ？それ、なにがなんだか分かんねえじゃん。今考えりゃあメチャクチャなことでしょ？でも「付き合いなんだよ、近所のあの人が取ってくれって言うから」って取ってんだよ。そんなもんだもん。はなはだ現実的だよね。下手すっと、その当時、内職を回してくれた工場の社長が一番の神様だったかもしれないよ。「あの人は偉い、あの人のおかげで食ってんだ」なんて、よく言ってたからね。

運命

もう少し真剣に、そういうの考えはじめたのはいつ頃かなあ？　やっぱり、中学のときに同級生が交通事故で死んだときは、ちょっとなんか変だったね。野球一緒にやってた奴だけど、急に踏み切りでダンプカーに頭轢かれて死んじゃって。そんときに、なんであいつ死んだのかなって考えると……………やっぱ神様とかになるよね。で、「あの子は死んだけども、神に召されて」みたいなことを周りは言うじゃない？　じゃあ早く死んだほうがいいのかってなっちゃうでしょ。だから、俺なんか、神に召されなくたって野球やってたほうがいいと思ったね。なんか、それよりゃ今のほうがいいよって。今までどおり、メシ食って悪いことして野球やってたほうが全然いいと思ったよね。

それとやっぱり人間は運命みたいなこと考えたりすんじゃん。大学なぜか辞めて浅草のフランス座のストリップ劇場行って漫才師になったときに、いざパッと考えたら「俺、なんでこんなことやってんのかな」って。そうすっと、それは運命なんだとかって考えるしかないじゃない？　でも、それをやるようにできてるんだって言われると、今度は誰がそんなこと決めたんだって話になって。すっと、しょうがねえから神様のせいにしちゃうかって。だから、神様ってのは、いろんなことを考えた挙げ句、なんか結論つかないときに、その人のせいにしてしまうっていう。なんか犯人扱いっていうかね。答えをそこに持ってってしまうっていうか。人間は運とか不運とか、みんな一緒くたに神様のせいにしてしまってんじゃないかと思うんだよ。

重力

あと、天国と地獄ってのもよく分かんなくて。俺、地獄という概念を人間が創りだしたのは、要するに生物学的に人間は生きていかなきゃいけないからっていうかね。とにかく子孫を増やすっていうことが生物の命題だとしたら、勝手に死なれちゃ困るわけじゃん。そうすっと、神というものを頭んなかで創って、罰とか、キリスト教的に言えば死ぬことの罪、あと人間の身体で言えば、痛点だね、痛み。これはものすごいことで、もし人間に痛点がなかったら、自殺者なんていくらでもいるなあって。線路とかビルとか飛びこんでも、痛くねえんだから平気でやるよね。そうすっと、人間というのは生物学的に生きて子孫を残すように創られたものであって。痛点も生きていかなきゃいけないために創られたし。おなじ理屈で、精神的な面では神とか地獄とかが創られたんじゃねえかって思うんだよ。生きていくためにね。

天国っていうんで考えるのは、生物が陸に上がって立ち上がったときっていうか、初めて二足歩行したときに、人間は重力に対してものすごい反発をしたわけじゃない？　そう考えると、立ち上がったってことはとんでもないことで。だから、神とか天国というと必ず重力から解放されて上へいくこと、必ず空を飛ぶことであって、逆に常に重力によって引っ張られてることっていうのが地球上における原罪みたいな意味があると思うんだよね。重力に引かれて落ちでいくほうが地獄で、重力に逆らう行為、例えばダンスなんてのはもう完全にそうだけど、それは必ず天国とか神との関係のなかに入ってくるっていう、なんかそういう感じがすごいしてね。上るってのは全部いいことで、落ちていくっていうのは必ず悪いほうっていう。だけどそれは、よくよく考えてみれば、地球上に生まれて常に重力に引っ張られているっていう、その感覚によるものなんじゃないかと思うんだよ。

しかもさ、物理っていうのはどんどん進化してるはずなんだけど、重力ってちゃんと解析されてないんだよね。俺だと六六キロの力で引っ張られる。それが質量だけど、それはなんかしらの磁力なのかなんなのか見っかってないんだよね。もしも、重力波みたいなものが見っかれば、完全に切り離す方法とかも分かるから宙に浮けるはずなんだけど、それが見っかってないんだよ。だから、基本的なとこですごく不思議なんだよね。太陽の周りを地球が回ってるっていうのは、まあ重力だけど、その力がなんの力だかよく分かんない。波動だって言う人もいるんだけど、波動だったら説明することができんだけど、どうもできないみたいなんだよね。重力っていうのは、そういう、あまりにも微妙な力なんだよね。

宇宙

それとさらに面白いのは、どうも宇宙に行くと卵が孵らないらしいんだよね。卵が孵るためには、白身が上に上がって黄身が落ちなきゃいけないらしいんだけど、宇宙だと重力がないから全然そういうふうに分離しないんだって。あと精子がほんとに子宮のほうに泳いでいけるのかっていうのも疑問で。重力がないんだから、方向感覚があんのかどうか分かんないしね。そうすっと、地球上に生まれた生物なんていうのは重力のなかで育ったもんでしかなくて、果たして宇宙に対応できるのかって思うよ。人間の感覚でも、宇宙空間で脳が重力に引っ張られない状態で育てられた三代目ぐらいの脳なんて、今、地球上にある神の意識とかを理解できるのかっていう感じがするもん。我々は生まれたときに既に、というか、生まれる前の精子の段階から、もう重力に引っ張られてるわけだから、そっからはもう地球上の発想しか生まれないし。逆に言えば、天国とか地獄とか、生きていくことの意味とか、哲学とか、そういうのは全部、重力の影響下で創りだされたもんなんだと思うよ。神もそうやって創りだされたものの一つでしかないと思うからね。だから、あくまで重力のなかでの神という概念であって。宇宙空間で何代も育てられてきた血筋の脳とは、神という認識とか、宇宙の認識とか、全然違うんじゃないかと思うよ。

幻想

別に、そういうのって、神とか、宇宙とかっていうんじゃなくてもあってさあ。例えば、色って目で光の反射を受けとって脳で判断するんだけど、でも実に変な話、果たしておなじ色を各個人が見てるのかという。みんな赤い色って言うんだけど、「この赤はなにに似てんだ?」「トマトに似てる」って言ったって、そのトマト自体の色がはっきり違ってたら、どうしておなじ色を見てるって言えるのかってことになるし。それぞれの色の波長なんかまで調べれば、おなじ色を確かに見てるのかもしれないけど、だけど、あらゆることが仮定の上にあるっていうかね。天国だって、なんで花が咲いてんだかよく分かんねえじゃん。花が咲いて小川が流れてて、鳥が飛んでて、キレイな美女が呼んでいるって、そんなもんソープランドだっておなじようなもんじゃねえかって。そいで、地獄がおかしいのはさあ、閻魔様がいて、鬼がいて、ひどい目に遭わせるっていうんだけど、あの世とか言うわりには、罰し方が非常に人間的な罰し方じゃん。氷地獄とか炎地獄とか、結局、痛えとかアチィとかなんなんだよね。

俺、それで小咄作ったことあるもん。地獄に堕ちた奴のとこに閻魔様が来て、地獄がいっぱいあるけどどれがいいっつって。まず炎地獄に行くと、アチアチアチッてみんな言ってて、「これ熱そうだからイヤです」「じゃあ氷地獄だ、これ見てみろ」っつうと、みんな氷の上ペタペタ歩いてて。「氷もイヤだなあ」「しょうがない、じゃあうんこ地獄を見ろ」

っつって。で、うんこ地獄に行くと、みんな胸までうんこに浸かってんだけど煙草吸ってんのね。それ見て「臭いの我慢すりゃあ、なかなか楽そうだから、これにします」って、みんなと一緒に胸まで浸かって煙草吸ってたら、鬼が出てきて「休憩時間終わり。みんな潜ってくれ」っていう。

だから、みんな、天国とか地獄とかいうんでも、現世のものをそのまま持ってくるんだけどさ、それはあくまで地球上の、この現実の話じゃねえかと思うじゃない？　目玉をくり抜かれるとかあるけどね、それは単にハムラビ法典の、悪いことやったら片腕落とすとかいうのとおなじようなものでしかないじゃない？　だから、結局は我々が想像した天国とか地獄でしかなくて。それ以外のこと見せられたって、我々は認識さえできないんだもん。それがすごく妙な感じだよね。

神とかもそれは一緒だよね。認識できっこないから、もうそのときの都合によって責任を任してしまう存在が神じゃない？　神がいるかいないかの問題じゃなくて、みんなが生きてる社会のなかで解決できない問題をしょうがないから神様のせいにしてしまおうっていう。それを、もっとどんどんどんどん日常レベルの話にしてしまえば、下町で、ある人とある人がお金を拾った、拾わないで奪い合ったときに、しょうがねえから、そこの大家さんに聞いてみるかっていうようなのと変わらないよね。それがだんだんだんだん上がってって、神のとこまでいっただけであって。非常に身近な神様っていうのは、その程度のもんなのかなとも思うよ。

理屈

大学に入ってからは、もう少しいろいろ考えるようになって、コリン・ウィルソンとか読んでみたんだけど、さっぱり分かんないんだよね。ただ、女とエッチしてて射精したときの、あれほどの快感というものを現実の生活のなかで見つけだせ、みたいなこと言うんだけど、それはそうかもなと思ったよな。だって、鮭とか見てるとさ、傷だらけになって海から川を上ってきて、それでメスが卵産んだとこに精子を振りかけんじゃない？　そいで死ぬんだからね。あの快感のために鮭は全生命を賭けてるわけでしょ。やっぱり性と死ってのは同時に現れるもんなんだよね。人間だって、もし子供産むときの一回だけ射精ができるっつったら、やっぱりあらゆる思いをして女を取りに行って、ヤってるときに「うわー、もう死んでもいい！」と思うんだと思う。だから、こう、死と性というのは常に同時に発生するものなんだよね。

でも、そういうの以外は、なんか理屈をこねてるだけかなと思ったよね。だって、神というものがもしもいるとしたら、どうしてこういう理不尽なことがあるんだって思うじゃない？　例えば、人を何人も殺して巨万の富を築きあげた奴が悠々自適な暮らしをして普通の寿命で死んでいく一方で、アフリカのようなところでは生まれながらに不幸な子供がいて、お乳ももらえないようななかで、すぐ死んでしまったりするわけでしょ。これは一体どういうことなんだろう、神様は非常に理不尽じゃねえかって思うじゃない？　もし神がいるとしたら助けなきゃいけないはずなのに、そうなってないってことは、もうあとは人間による理屈の言い合いでしかないじゃん。神を信じる人は「神様がそれに手を下したら、人間ほど不自由なもんはないでしょ。神が全部生き方を決めてしまうことになるでしょ。そのために人間に自由を与えたんだよ。だから手を下さない。あなたはどう考えるんだ？　アフリカでお乳しゃぶって死んでいく子供を見て、助けるのか助けないのか。そういう自由を与えるために神は手を下さないで見ているだけなんだ」っていうような言い方をするじゃない？　でも、神を信じない人は信じない人で、見てなくたっていいから普通にやってくんねえかなと思うじゃない？　そうすっと、神がいるとかいないとか、そういう論争というのは、やっぱり理屈のこね合いになってしまうんだよね。

だから、俺、学生んときたまにね、神というものはいるのかいないのかって、いろいろ考えてね。部屋んなかで「神様、誰にも言わないから俺のこと宙に浮かせてくんねえかな。したらあんた信じてやる」って、そんなこと考えたことあるもん。とにかくそのへんのものがスーッと動いたりなんかしてくれたらね、信じるよって。今考えりゃ、危ねえんだけどさあ。でも、ある意味、そうやってね、神様に全部預けてしまうってなったら、それは一番楽なんじゃないかと思うよ。預けられた世界っていうかね、全部神の思し召しってやっちゃうわけだから、楽でしょうがないでしょ。

理系

なんか、俺、物理やってたからかもしれないけど、そういう妙なことよく考えるんだよね。例えば、まあこれは、だいたいまともな教授たちは間違いだって言うんだけど、太陽があって、その周りを水星とか火星とか惑星がグルグル回ってる姿があるでしょ。それが大きくなると、銀河系になったり宇宙っていうのになって。逆に小さくしてくと、原子核があって、その周りを電子が回ってるわけじゃない？　ほいで、さらにそれを小さくすれば、原子核のなかに中性子と量子があって、さらにそれを小さくすると今度はクォークになって。そうすっと、宇宙も原子核もおなじような姿っていうかね、なにかの周りを回ってる形になっていて。非常に子供的な発想なんだけど、宇宙というものを考えたときに、下手するとなんかの動物の細胞の一部であるという可能性もあるっていう。宇宙なんてのは、より巨大なものの細胞の一部でしかなくて、またそのなかに地球があるっていう。だから、今、地球じゃワアワアやってんだけど、その生物が殴られたりふんづけられたりした瞬間に、一瞬にして地球も太陽系もなにもかも吹っ飛んでしまうっていう発想もあるかなあとかね。そういう、訳分かんないこと考えるときあんだよね。

あとは、共同幻想っていうかね、なんか世界中が過去の歴史やなんかをみんな共有してるかのようになってるけど、実はそれはインプットされた情報であって、江戸時代がどうのとか、キリストがどうのとか、ローマだギリシャだとか、古代史とか、みんな本当はなかったことで。あくまで我々が共同で持たされた知識でしかなくて、現実じゃなかった可能性があるとかね。もっと言えば、我々は今ここにいるわけだけど、下手したら、今実在してるのは、こうやって話してる、この部屋の空間だけで、ドアを開けるたびに自分に都合のいい宇宙が現れるだけっていうかね。一瞬一瞬、自分の予感したものが現れるだけだっていう。すごく、なんか妙なこと考えるんだよね。

だから、基本的にどこで発想するかっつったら、やっぱり理系だよね。神とか考えるにしても、どうして神という存在を人間が発想したのかしか考えなくて。神がいて、それが人間とか地球を創ったとはとても思わないって感じだよね。我々の頭のなかで勝手に想像したもんでしかないって、そういう感じすんだけどね。

死

じゃあ、なんでそんなこと考えつくのかって言われると、よく分かんなくて。逆に言やあ「なんであんた考えられないわけ?」ってなるじゃん。どこにその差ができたのかっていうと、別に脳の出来・不出来ってことでもないしね。どっからかなんかイメージが降りてくるとか、そういうんでもないしね。だから、よく分かんないんだよ。ただ俺、やっぱり神の問題というよりも、なぜ生きるのか、なぜ死んじゃいけないのかってのがすごい気になる。要するに、なぜ人間は生きていかなきゃいけないかっていうのがさ、どうも分か

んねえよね。なぜ死んじゃあいけないのかとか、なぜ死を毛嫌いするのかっていうことと
かね、そういうのがすごい気になるから。わりかしそればっかし考えてるよね。
結局なんか……死ぬことの怖さって、一番低レベルなとこで考えれば、まだやりたいこ
とが残ってるとか、いいことやってないうちに死にたくないとか、そんなとこじゃない？
でも、ある程度お金も取るようになって、ある程度ねえちゃんにもモテるようになってき
てさ、一体これなんの意味があるんだろうって思うじゃん。下手すっと、俺はこんなもの
を手に入れるためだけに生きていこうとしたのかなっていう、すごい変な感じになっちゃ
って。だとしたら死んでもなあっていうとこがあって。でも、生まれて、貧乏な家庭に育
って、漫才やって売れないときは、なぜ死にたくないかっつったら、とにかく金稼がなき
ゃいけねえし、女にモテたいし、美味えもんも食いたいし、いい車に乗りたいしとか、そ
の程度のことで生きようとしたんじゃないかと思うよね。でも意外にそれが手に入っちゃ
うと、なんだよこれって。俺、なんで生きてんのかなと思うことあんじゃない？　だから、
ほんと、そのへんがよく分かんねえんだよ。で、そうなっと余計、考えちゃうんだよ。

神

もしかしたら、神と生と死というのをおなじにしてしまったのが間違いなのかもしれないよね。だって、生きることと死ぬことがなんで神と繋がんだろうかと思うんだよ。今生きてる自分の世界じゃ分からないからって、全部死や神を向こうかたに追いやって、一緒くたにしちゃったわけだけどさあ、実は違うことのような気もするんだよ。だって、それじゃないと、人が急に死んじゃったりすることをどうやって神のせいにするのかっていう感じあるよねえ。死ぬことに対する恐怖感に神というものを持ってきたのは宗教家がうまくやったんだと思うんだけど、でも、現世を神の影響下に置いたのは非常にインチキくさいと思うんだよね。もしも生と死の問題を人間が哲学かなんかで解決してしまったとしたら、果たして神は必要なのかなっていう感じがするね。それはセットで与えられたもんっていうか、生きることと死ぬことのいろんなジレンマとか恐怖とか楽しさとかを神に預けたわけだけど、もしもそれが解決してしまったら、神なんていらないよね。

祈願

でも一回だけ、宗教っていうか、バイク事故の後、人からもらった数珠着けてたことあんだけど……あんときは精神的にさすがにこたえてたね。疲れたっていうのあるよね……要するにこう、委ねちゃうというかね。どんなもんでもいいから、もし神様がいるんだとしたら、これ着けるから楽にしてくんねえかと思ったんじゃない？　それだけの問題だよね。変な言い方だけど、思い切りやってしまう心地よさっていうか。要するに、新宿のションベン横丁で焼き鳥食って焼酎飲んで、ワーッてやってんの見て、「あんなのイヤだなあ」って思うんだけど、いざ自分がやるってなると、その快感ってたまんねえんじゃねえかってのあるじゃない？　寝小便してしまう快感みたいな、そういう感じだよね。「ダメだよ、そういうことしちゃ！」って言われても、やっちゃえこんなもんっていう。だから、「もういいや、後どうなるか分かんないけど、これしてりゃあ神様がなんかやってくれんだろう」と思って、やっちゃったんだよ。現世利益の最先端だよね。俺だけよきゃあいいやっていう。「俺だけでも助けて。他はどうでもいいから」って。

だけど、実はすぐやめちゃったんだ。なんか、どうもあやしいと思ったんだよな、ははは。一体神様って人はなにをする人なのか、分かんねえんだもん。神様ってなにを司って、どういうことをやる人なんだろうと思うじゃない？　じゃあ神様は人間の生死を決めて、その人が出世するとか、モテるとかモテねえとか決めんのかっつうと、そうじゃないわけでしょ？　すっと、この神というのは一体なにをしてくれる人なんだか、全然分かんないもん。そのくせたまに拝んじゃったりなんかすんだけどさあ、「神様お願いします」って。でも、ほんとなんなんだろうって思うよ。それで、すぐやめちゃったの。こんなもんでどうにかなるわけねえと思って。

『教祖誕生』

あの小説はねえ……まあ一番冒頭に山鳩と鷹の話があってさあ、山鳩の子供育てたのと、鷹の子を育てたのと同時に放して、山鳩を放した親子が「よかったね、おまえの手当した山鳩が飛んでって」なんて言ってると、バーッと鷹が獲っちゃうじゃない？　したら、それ見て鷹を手当した親子は「よかったね、おまえの育てた鷹がエサを獲ったぞ」って喜んでるわけだよね。おなじことが片っぽには悲劇であって、片っぽには喜劇であるっていうさ。だから、それみたいなもんで、宗教っていうのは下手すっと、鏡みたいなとこあると思うんだよ。

例えば、俺もおふくろ死んでからは一応線香上げるし、朝出かけるときは拝むわけ。「母ちゃん、今日も行ってくるよ」なんて言ったりすんの。で、仏壇に写真があって、写真だから表情もなにも変わんないんだけどさ、自分の心がやましいと怒ってるように見えるんだよ。鏡になっちゃうわけ。「さあ今日はねえちゃん騙して一発」、チンチンなんてやると、母ちゃんが「バカヤロー！」って。自分の心を映しちゃうんだよね。おなじ顔なのに。「今日はテレビ局行って、帰ってきてから映画のことを考えるからよ」なんて言ってると、顔が笑ってるように見えるわけ。なんのこっちゃねえ、自分の精神を映しだしてるだけなんだよね。

だけど、神というのはそういうものかなって感じがある。要するに鏡にしといて、こう、自分を映してみて、ああ罰が当たるとか、そういうことしちゃいけないんだっていう、自分自身を再確認する鏡かなあと思うときあるね。だから、『教祖誕生』のときは、要するに人間自体が自分で治る力があるじゃない？　だとしたら、どんな汚い方法でもその人が治りゃあいいんだって。それが宗教だと思うんだよ。サクラ使って、足の悪い人が立ち上がりましたなんてやってても、ほんとに立てない人がそれを見て立ち上がったら、それでいいっていう。それはインチキでもなんでもないっつうね。

だって、変な言い方すりゃあ、現実に催眠療法ってあるわけだし。そうすると結果的に貧しい人が食えたり御利益があれば、それだけでもう宗教としては成り立つのね。原始宗教なんか、岩山に動物の絵描いたり、なんか踊っちゃって、雨よ降れとか、作物がいっぱい取れるようにってのは、自分たちにいいことがあるようにって頼んでしまうってことでしょ。それが宗教の原型だとしたら、どんな方法でも、なんかいいことありゃいいんだっていうかね。それが品物として現れなくても、精神的によきゃあ、どんなインチキ宗教でも宗教たり得るっていうかね。そういうことじゃねえかと思うんだけどね。

修行

だから、俺の人生って罰当たりにいってんのかなって気もしないでもないんだよね。インチキでもなんでも、よけりゃいいっていうかさ。なんだかそのへんがよく分かんねえ。だって人間のあり方でおかしいのは、食いもんでも、美味いもの腹一杯食べると身体に悪いってどういうことなんだと思うじゃない？　おいしいんだよ？　なのに食べたら、「身体に悪いからやめなさい」って。麻薬打って「わーっ、気持ちいい」って言うと、「身体に悪い」でしょ？　そうすっと人間が生きてることって非常に不合理で、いいと思ったものをやっちゃいけないみたいな規制のなかにいるわけじゃない？　ほいで、そこに宗教家が割って入ってきて「この世に生まれたのはまだ修行が足りないから、修行させられてるんだ。だから罰当たってんだよ」なんて言うでしょ。「そういう欲望が次から次へとあなたの前に出てくるから、それをいかに我慢して、神に近づくかなんだ」とかって。じゃあ、仏教徒が断食したりなんかすんのはともかくさ、人間として生まれたことは罰なのかって思うよね。修行が足りないから何回か生まれ変わんないとダメなんだって言われると、じゃあこれ、地球上に生きてるのは、あくまで修行のためであって、生きてることを喜んだり謳歌しちゃいけないってことになっちゃうんだよね。だから非常におかしいよね。性のことだって、なんで毎日ポコチンが勃っちゃうんだと思うよね。そいで病気うつしちゃったりなんかして、どうなってんだこれよっていう。「なんだこの病気は。どうして膿が出ちゃうかなあ」と思うじゃない？　だから『教祖誕生』のときは、単純に宗教の役割とかさ、なぜこんな不条理なことがあるのに宗教がちゃんと成り立っているんだろうかというようなことを書いたんだよね。一体、神は何人いるんだろうと思うもん。

ルール

でもねえ、なんか変な言い方すれば、生きてることがゲームだとしたらね、サッカーはサッカーのルールがあるわけでしょ。手使っちゃいけないとか、そういうルールがあるからスポーツとして成立してるし、楽しいってのがあると思うんだよ。スポーツ、なんだってそうだけどさ。すっと人間ってね、神というルール作っちゃったほうが生きやすいと思うのね。それ取っ払うとフリーになっちゃうじゃん。フリーぐらい辛いものはないっていうかね。下手すると、人間というのは規制があればあるほど楽しいのかなと思う。そうすると、人間が生きてるなかの話で言えば第一の規制は宗教じゃない？　だったら、それは、ルールを決めちゃって、そんなかで生きていこうと思ったほうが楽かもわかんない。ゲームやるとき、なんでも勝手にやっていいって言われたらね、まあそれもルールなんだけど、なにがなんだか分かんないってのあるよね。かえって辛いのかなと思う。だから、宗教を選ぶというのは、楽に生きようとするコツだと思うけどね。

だいたい、人間って非常に変なもんで、身体というか、まず食わなきゃいけないってのは大変なルールだよね。生きていくためには、常になにか、牛とか鶏とか摂取しなきゃいけないっていう。だけど、さらに変な考え方すれば、死の概念を変えちゃって、鶏はそれを食った人間のなかで改めて生きていくんだっていうような栄養分の考え方もあるじゃない？　人食い人種は、人を食うことによってそいつの魂を食って一緒に強く生きていくんだなんて言われちゃうと、そうかなと思うしね。すっと殺人なんか構わねえじゃねえかってことになっちゃうじゃない？　だから、ルールを作るってのもよく分かんなくてさ。現実には、非常に不条理なことがたくさんあるわけだから。そうすっと、なぜこんなことになってるかは、神様に任せちゃおうかっていうね。だから、人間は宗教を創っちゃうんだと思うんだ。

教祖

まあ、俺も、もしかしたら現代的な教祖みたいなものになってんのかもしれないけど、でも教祖の生き方っていうのはね、三つあると思うの。一つは尊敬される方法。芸人で言えば、俺もああいう芸をしたいなって弟子から思われるタイプ。それから、二つ目は感謝される方法。弟子の面倒をよくみてあげるタイプ。ほいで、俺の場合は三つ目の、みんなに心配させる方法なの。上の人にも下の人にも今まで散々言われたもん。たけちゃんとかたけ坊とか、たけしさんとか、みんな心配でしょうがないって言うんだよ。

だから、俺のファンにも、ある意味ストーカーみたいな奴いんだけどさ、ストーカーでもこう、自分のもんにしたいって、それで殺してしまうみたいな奴いんじゃない？ けど、そういうんじゃないんだよね。一緒に遊びたいって感じだもん。そばで見たいんだってだけで、取りこもうとはしない。だから、同化はできないっていうか、したくないしっていう奴が多いよね。たけちゃん、これからどうなんだろうっていう、それだけで。その代わり、なるたけ近くでジーッと見ていたいっていう、それだけなんだよね。

孤　独

でも、なんかそうやって教祖みたいになっちゃったのは、基本的に俺からみんなに近づかないからだと思うよ。ある一定の距離でそばにいるっていう、影みたいなもんだから。

だって近づいた一瞬で終わってしまうような気もするよ。相手が近づいたらその距離分だけこう、離れるっていう、俺、そういうタイプじゃん。だから、軍団と酒飲むなんてのも、それなりに距離置いてるしさ。向こうは近づきたいんだろうけど、こっちは近づいちゃったら、魅力はもうそこでゼロになるっていう可能性あるよね。だから……なんてんだろ、基本的には、いかに孤独であるかっていうのが勝負かもわかんない。もう、人気があればあるほど孤独になっていかないとダメだと思うのね。普段もいろいろ友達とみんなで楽しいなんていう奴は、その時点でもう終わってるだろうっていうか。それだけじゃんじゃん貯金おろしてるみたいなもんだから。ずーっと、ある程度人気があって、みんなにいいなあって言わせるためには、誰にでも距離を置いてなきゃダメで。しかも、それはわざと置いてるっていうのに気が付かないように置かなきゃダメなんだよね。だって、俺なんか、どうせくだらないもんなんだからさあ、手が届かないっていうことが重要で。池とか川でピカピカ光ってるものを、いざ手に取ってみたら鏡の破片だったってことあんじゃない？でも、ピカピカしてるときは魅力あるわけだから。いくらこう取ろうとしても取れなかったら、ガラスの破片でも魅力あるけども、手に取って、ああこれが光ってたんだって分かったら、既にもうそれで終わりじゃない？　芸人というのはそういうことだと思うよ。しょせん、芸もなにもねえんだから。

俯瞰

もう、そういう考えってていうのは、ずーっとあるよね。やっぱりネタを作るっていうのは観察だから。友達と一緒になって遊んじゃってると、ギャグに気が付かないじゃない？一緒に遊んでんだけど、距離置いてそいつ見ると、いくらでもくだらないこと見っかるっていうか。自分も、もう一人の自分が見てるとこあるじゃん。自分なんだけど、もう一人の自分がこっちから俯瞰で見てたりなんかして、「ああたけし、またあんなくだらないこと言って笑ってるな」っていう意識があって初めて、ギャグが見えるっていうか、ネタが見っかるんだよ。夢中になってやってるっていうのは、逆に言えば自分が一人になってしまうんで。それはもうアイディアもなにも浮かばないから。漫才やってるときも、もう一人の自分は必ず客席にいなきゃいけないっていうのは舞台芸の基本で。客がノってきたのを見ながら、自分もノってきたフリをして、冷静にこう、トドメを刺すタイミングで言葉を喋るんだけど、それが面白くなるかならないかっていうのは、客席にいる自分が見て、

「今、言え」っていう感じが分からないと、ちゃんとした芸人にはなれないんだよね。

だから、そうやって、分裂っていうか、自分と仲間が遊んでる姿をもう一人の自分がこう、客観的に見てて、「おまえ、どう動け」ってやってってしまって、それでじゃんじゃん孤独になっちゃったよね。しかも、その孤独っていうのは一緒に遊んでる奴らに絶対分からないように、ノったフリをしなきゃいけなくて。だから、一般的には「たけちゃん、いつも人と遊んで飲んで、いいねえ、友達がいっぱいいて」って言われてんのが、ベストだよね。でも、内心は、もう一人の自分がこうやって、操り人形でやってるだけで。

そうすると、神の問題っていうんでも、自分の心のなかにもう一人の神がいて、その神に自分を動かさせろっていうかね。それができれば、大丈夫か分かんないけど、とにかく芸事はね、自分の演技を誰が見るんだっつったら、お客が見るんじゃなくて、自分が見るわけだから。カメラの横に自分の意識だけ置いて、今どう動いてんのかなって思いながら喋ったりなんかしてれば、ある程度の演技はできるけども、それができない人が夢中になってやると、なんにも分かんなくなっちゃうじゃん。だから、役者の一番ダメな奴になにをやらすかっつったら、全力疾走させるか、下手な女優は土砂降りの雨んなかで、おっぱい出して襦袢乱れちゃって、男の後ろ姿に「帰ってきて！」なんて怒鳴ってりゃあさ、一生懸命やれば、それ演技に見えるじゃない？　ほいで終わった後拍手かなんかしちゃえば、そいつら演技したと思うだろうけど、それは大きな間違いなんだよね。その演技を、夢中になったように見せるのが演技であって。ほんとに夢中になっちゃダメだと思うんだよね。その人は幸せかもしれないけど。

トラウマ

　もしかしたら、いつもこうやって見ちゃうのの元を辿れば…………やっぱりそれはね、子供んときの親のせいかもしんない。トラウマだよね。結局、うちのおふくろ、すごい教育ママでしょ？　だけど俺なんか運動神経いいし、活動的じゃない？　だいたい友達、悪いんだよね。そうすると遊んでるとこに必ずこう、おふくろが呼びに来ちゃうの。ほいで「帰ってきな、あんな子と付き合っちゃダメだ！」って言うんだけどさ。その子たちには、「こいつバカだから、付き合うとあんたたちもバカになるだろ」って言うんだよ。だけど、言われたほうもだいたい感づくじゃん。だから、そうやってじゃんじゃん友達なくされたよね。「もっと頭のいい子と付き合いな」とか言うんだけどさ、頭のいい子ってつまんないじゃん。だって、勉強ばっかしてんだもん。すっと、小学校六年ぐらいからすんごい孤独になったよね。で、しょうがないから野球やるんだけど、俺、自分の住んでるところとは違う町内のチームに入ってたもん。「北野君はどっから来るの?」「なんであんなとこから来るの?」「野球やりに」って。だって、うちのほんとに近所の野球やる奴はもう相手にしてくんないんだもん。「おまえんちのお母さん、うるさいから」って。

だから、それは、すごいあるね。ほいで、中学がまた越境入学じゃん。全然違うとこ行っちゃうから、ぽつんとしてるし。あとペンキ屋だってのバレたときはやっぱりね、ペンキ屋のせがれだなんて、汚いからすごい差別されたし。じゃんじゃん孤独になってねえ。一歩間違えりゃ相当歪んだ奴だったんじゃない? 大学生になっても、ちょっとどっか行こうかって言われると、「いやぁ…」ってなっちゃって、あんまり近づかないっていう。だから近づけない、打ち解けない子だったよね。打ち解ける方法を知らなかったっていうか。打ち解けそうだとおふくろに連れ戻されたから、そういうの全然ダメだよね。でも、そのおかげで、片っぽの脳はずーっと冷静に見てるってとこあるから、その癖がずーっとついてたから、漫才師になるにゃちょうどよかったって感じだけどさ。

だから、俺、事務所の社長の森さんとも、ほとんど飲みに行ったことないもん。だって森さんが社長だし、俺、そこのタレントじゃん。一緒になってつるんじゃうと、仕事の関係があやしくなるじゃん。お互いに意見あるのに、それが気を遣ってなあなあになっちゃうと、変な仕事やってしまう可能性があるもん。だから、はっきり「いや、それはあまりやんないよ」とか、「こういう仕事どうですか」とかいう関係がないと絶対ダメで。マネージャーなんかは俺の周りをやる人で、要するにこっちサイドだから、たまに一緒に飲んじゃうけどさ。しかも、森さんの場合、映画やりゃプロデューサーじゃない？　プロデューサーと監督の関係がなあなあになっちゃうぐらい映画でダメなもんないもん。

まあ、それは淋しいけどね。でも、俺、女もそうだもん。最近、なんかベタベタなのできちゃったけどね。初めてだよ、こんなにベタベタしたの。それまでは、もちろん性的な関係でもあるし、メシも食ったりなんかもしてるけど、やっぱり距離置いてるよね。要するに、こう線を引いて、これ以上立ち入らせなかったり、立ち入らなかったり。そういうのあるんだよねえ。プレゼントとかもちゃんとあげるんだけどさあ、どっか女も気が付くんだろうね。どっかの部分で線引いてるっていうの。だからみんな別れていくもんね。全然、俺、悪いと思ってないっていうか、なんにも悪いことしてないんだよ？ ひどい目に遭わしたことないし。高価なもの買ってくれとか言われれば買うし。だけど、ある瞬間に、パッとこう感じるんだろうね。「この人は親切で優しくて、ちゃんとしてくれるけど、基本的な愛情がない」っていうかさ。それ気が付くんだよ。だから今までの奴、みんなフラれちゃうんだよ。自分からフったことなんか一回もない。相変わらず別れないのはカミさんだけだもん。

でも、最近は、カミさんともよく食事するようになったよ。女に関してはね、線引かなくなってきたなって感じある。前はねえ……いくら好きでも線は引いてたよね。だからその線の引き方ってのは、なんてんだろ、無意識のうちだよね。こいつとはここまでだとか、この線以上立ち入らせちゃいけないとは全然思ってねえけど、ある程度子供んときからの病気だから。なにげなく線を引いてるんだよね。それは最近よく気が付いてて。「あ、こういうことで俺は線引いてんだな」と思うから、それしなくなったってだけの話だけどね。でも、まあトラウマを解消するのに三十年ぐらいかかったよねえ。

だけどまあ、宗教っていうのは、結局、何が人生の目的なんだか分かんないところで生きてる人間にとってさ、なんか創んなきゃしょうがないだろうって、そうやって創ったものだよね。だから、すごい下種な言い方すれば、サッカーって、なんであのルールにしたんだかよく分かんないじゃん。ヘディングしたり、端まで走ってってんのは面白いけど、どうしてそういうルールなのかっていうのはまた別だからね。じゃあそういうこと考える前に作っちゃえって、ルール作っちゃったほうが早いっていうとこあんじゃねえかって。

結局、宗教って、そういうもんだと思うよ。

初出

北野武、家族を語る（ＳＩＧＨＴ第九号　二〇〇一年十月）
酒　を　語　る（本書語り下ろし）
暴力を語る（ＳＩＧＨＴ第八号　二〇〇一年七月）
野球を語る（本書語り下ろし）
新宿を語る（本書語り下ろし）
宗教を語る（ＳＩＧＨＴ第十号　二〇〇二年一月）

インタヴュー　渋谷陽一
編集　古川琢也
編集補助　三井由美、内田正樹、金谷朋樹
有泉智子、小野寺佐登美
装丁・デザイン　山本知香子
デザイン　村岡亜希子、嘉数孝司
撮影　大森克己（カヴァー　P136-143）
佐内正史（P8-15）
石坂直樹（P92-99）
瀧本幹也（P196-203）
衣装協力（カヴァー）株式会社ヨウジヤマモト
協力　オフィス北野

孤独

二〇〇二年七月二十六日　初版発行
著者　北野武
発行者　渋谷陽一
発行所　株式会社ロッキング・オン
東京都渋谷区桜丘町二十一一
渋谷インフォスタワー十九階
電話〇三―五四五八―三〇三一
印刷所　凸版印刷株式会社

ISBN4-86052-008-4 C0076 ¥1500E